Labor der direkten Demokratie

AF720118

Rolf Graber

LABOR DER DIREKTEN DEMOKRATIE

Konkurrierende Wahrnehmungen der politischen Mitbestimmung in der Schweiz

CHRONOS

Informationen zum Verlagsprogramm:
www.chronos-verlag.ch

Umschlagbild: Martin Disteli, Schweizer Bilder Kalender für das Jahr 1839–1844 (Disteli-Kalender), S. 26.
© 2023 Chronos Verlag, Zürich
ISBN 978-3-0340-1732-9

Inhalt

1 Einleitung

Anstoss zu dieser Arbeit war eine Anfrage der gfs.bern ein Exposé zu einer Meinungsumfrage zu verfassen, die zum Ziel hatte, die Fremd- und Selbsteinschätzung des politischen Systems der Schweiz zu evaluieren.[1] Im Zentrum standen die Fragen: Wie sehen die Schweizer:innen die repräsentativstaatlichen Modelle der Nachbarstaaten? Wie beurteilen die EU-Bürger:innen die direkte Demokratie in der Schweiz?

Der Beitrag verfolgte das Ziel, die Umfrageergebnisse in den historischen Kontext zu stellen. Die Leitfragen waren: Wie hat sich das Fremd- und Selbstbild der politischen Ordnung der Schweiz im Laufe der Zeit verändert? Besteht ein Zusammenhang zwischen dieser spezifischen Fremd- und Selbstwahrnehmung und der Tatsache, dass sich in der Schweiz ein anderes Demokratiemodell als in den Nachbarländern entwickelt hat? Wie erklärt die moderne Demokratieforschung dieses Faktum?

Die vorliegende Studie orientiert sich ebenfalls an diesen Leitfragen und am Konzept des Beitrags, indem sie die historische Wahrnehmung demokratischer Grundlagen mit der wissenschaftlichen Aufarbeitung der Entstehung der direkten Demokratie in der Schweiz konfrontiert. Dies erfolgt in vier Schritten. In einem ersten Schritt wird die Fremdwahrnehmung der politischen Ordnung der Schweiz von der Frühneuzeit bis anfangs des 20. Jahrhunderts anhand von Quellen vorgestellt. (Kapitel 2) Anschliessend wird die Selbstwahrnehmung der Eidgenossenschaft als republikanisches Staatswesen im historischen Kontext aufgezeigt. (Kapitel 3) Weiter soll der Einfluss dieser Fremd- und Selbst-

1 Die Resultate der Umfrage un das Exposé sind im Internet zugänglich: Bürger:innenteilhabe als Motor der Systemzufriedenheit. Schlussbericht: Wahrnehmung demokratischer Grundlagen (Gesellschaft für Sozialforschung, Bern). Vgl. auch NZZ am Sonntag, 14. November 2021, Nr. 46, S.16.

wahrnehmung auf die Geschichtsschreibung zur Entstehung der direkten Demokratie thematisiert werden. Dazu werden die einzelnen Etappen der historiographischen Entwicklung kurz skizziert und der neueste Forschungsstand vorgestellt. (Kapitel 4) Ausgehend von diesen Neuansätzen werden Kontroversen, offene Fragen und Defizite der Erforschung der direkten Demokratie erörtert. Dabei ist der Fokus speziell auf die Widerstands- und Protestkultur gerichtet. (Kapitel 5) Die Überlegungen sollen dazu beitragen, den öffentlichen Diskurs mit den Erkenntnissen der Geschichtswissenschaft zu konfrontieren und gleichzeitig eine Orientierungshilfe für die anstehenden Diskussionen über das zukünftige Verhältnis zwischen der Schweiz und der Europäischen Union zu bieten.

2 Fremdwahrnehmungen

2.1 Demokratische Regimenter

Eine frühe Wahrnehmung und Fremdeinschätzung selbstverwalteter Gebiete der alten Eidgenossenschaft als «reine Demokratien» ist in Jean Bodins Werk «De republica libri sex» von 1586 zu finden: «In den Orten Uri, Schwyz, Unterwalden, Zug, Glaris und Appenzell, die alle reine Demokratien und, da ihre Bevölkerung aus Gebirgsbewohnern besteht, in besonderem Mass auf Selbstbestimmung des Volkes bedacht sind, findet sogar zusätzlich zu den ausserordentlichen Ständetagen, alljährlich eine öffentliche Versammlung statt, an der fast die gesamte Bevölkerung ab 14 Jahren teilnimmt. Dort werden der Senat, der Ammann und andere Magistrate gewählt. Die Abstimmung erfolgt nach dem Muster der Chirotonie der antiken Demokratien durch Handzeichen.»[2] Nebst den Landsgemeindeorten nennt Bodin noch die rätischen Bünde: «In besonderem Mass trifft das Gesagte auf die Graubündner Orte zu, die nach Verfassung und Regierung so rein demokratisch wie sonst kein Staat sind.»[3] Damit werden auch die landständisch verfassten, aus geistlichen Reichsfürstentümern entstandenen Republiken wie Graubünden und Wallis als reine Demokratien bezeichnet. Die Bezeichnung demokratisch treffe jedoch nur für diese Einzelstaaten zu, der gesamten Eidgenossenschaft spricht er, angesichts der fehlenden Souveränität den Staatscharakter ab. Im Allgemeinen ist der Begriff Demokratie für Bodin negativ konnotiert, denn er bewertet den damit verbunde-

2 Jean Bodin, Sechs Bücher über den Staat, Buch I–III. Übersetzt und mit Anmerkungen versehen von Bernd Wimmer. Eingeleitet und herausgegeben von P. C. Meyer-Tasch, München, S. 395.

3 Ebd.

nen Gleichheitsgedanken negativ. Für ihn sind Volksherrschaften darauf ausgerichtet, Tugend und Ehre zu vernichten. Trotzdem beurteilt der Theoretiker des Absolutismus die reinen Demokratien überraschend wohlwollend und attestiert ihnen, sie würden mit grosser Strenge auf ihre Edikte und Ordonnanzen achten.[4] Die im Hinblick auf die Souveränitätsrechte explizit erwähnten Freistaaten der drei Bünde finden auch in späterer Zeit Beachtung. Im 18. Jahrhundert wird die politische Ordnung in Graubünden von Reiseschriftstellern besonders hervorgehoben. Der englische Pfarrer William Coxe, der die Schweiz und Graubünden zwischen 1776 und 1786 mehrmals bereist hat, zeigt sich in seinem Werk «Travels in Switzerland and the Country of the Grisons» besonders beeindruckt von den mit eigener Verfassung, eigenen Gesetzen und Gebräuchen ausgestatteten Gerichtsgemeinden der drei Bünde. Er stellt fest, dass deren Vertreter an den gemeinen Bundestagen nach Instruktionen stimmten, aber auch Initiativen einbringen könnten. Damit liege die höchste Gewalt beim Volk. Als vollkommene Demokratie erwähnt er den Distrikt Davos: «The form of government established in this district of Davos is similar to that of the small cantons of Switzerland, and is entirely democratical. The people must be assembled upon all extraordinary occasions, such as enacting new laws, deciding upon appeals from the general diet, and raising money. Every male at the age of fourteen has a vote."[5] Negativ an den Drei Bünden wertet er aller-

4 Vgl. Marysia Morkowska, Vom Stierkind zum Liebling. Die Entwicklung und Funktion des europäischen Schweizerbilds bis zur Französischen Revolution, Zürich 1997, S. 68–71; zu Bodins Einschätzung der Demokratie im Vergleich mit den anderen Staatsformen vgl. auch Wolfgang Reinhard, «Französische Politiques» und Jean Bodin, in: Hans Fenske, Dieter Mertens, Wolfgang Reinhard, Klaus Rosen, Geschichte der politischen Ideen von der Antike bis zur Gegenwart, Frankfurt a. M. 1996 (5), S. 296–301, bes. S. 300.

5 William Coxe, Travels in Switzerland and the Country of the Grisons, Basel 1802, Vol. 3, zit. nach Martin Bundi, Christian Rathgeb (Hg.), Die

dings die Vorliebe des Volkes für anarchische Strafgerichte, die Anfälligkeit der Amtsträger für Korruption und den Einfluss der Aristokratie auf Parteibildungen.

2.2 Mythos Schweiz und seine Kritiker

Im ausgehenden 18. Jahrhundert hat sich das Fremdbild der Eidgenossenschaft als Hort der Freiheit sowie Heimstatt republikanischer Tugend und der unverdorbenen Sitten zum Mythos Schweiz verdichtet.[6] Die abschätzigen Urteile früherer Jahrhunderte verschwinden und weichen einer positiven Wahrnehmung. Es findet eine Umwertung der Topoi statt, die längerfristig auch Auswirkungen auf die Selbstwahrnehmung hat.[7] In zahlreichen Reisebeschreibungen erscheint die Schweiz als Wunschbild des aufgeklärten Europas und zugleich als Kontrast zu den Verhältnissen in den jeweils eigenen Ländern. Die aufgeklärten Intellektuellen erhalten dadurch die Möglichkeit, dieses Idealbild der Schweiz mit den Zuständen in ihren eigenen Ländern zu konfrontieren und die dortige Regierungsform kritisch zu hinterfragen. Durch die Werke Johann Jakob Scheuchzers, Albrecht von Hallers, Salomon Gessners und Jean-Jacques Rousseaus werden solche Klischees zusätzlich gefördert, indem sich in ihnen die Naturbegeisterung der Zeit und die Nachfrage nach dem idyllischen Leben der Bauern und Hirten reflektiert. Die Alpen werden zum Hort der Freiheit hochstilisiert und dem helvetischen

---

Staatsverfassung Graubündens. Zur Entwicklung der Verfassung im Freistaat der Drei Bünde im Kanton Graubünden, Zürich 2003, S. 91.

6 Zum Kontext vgl. Ulrich Im Hof, Mythos Schweiz, Identität – Nation – Geschichte, 1291–1991, Zürich 1991; Uwe Hentschel, Mythos Schweiz. Zum deutschen literarischen Philhelvetismus 1700–1850 (Studien und Texte zur Sozialgeschichte der Literatur, Bd. 90), Tübingen 2002.

7 Morkowska, Vom Stiefkind zum Liebling, S. 96–129.

«Alpenvolck» eine besondere Tugendhaftigkeit attestiert.[8] Selbst in einem deutschen Kalender von 1793, vier Jahre nach der Französischen Revolution, ist jenes Idealbild der Schweiz immer noch anzutreffen: «Und noch ist Helvetien ein Muster eines blühenden Staates, noch sind seine Volksfamilien – gleichwohl ob in demokratischer oder aristokratischer Form – glückliche Volksfamilien, noch wachen die Ältesten und Erfahrensten des Volks bieder und patriotisch für sein Wohl, noch leben Ehrfurcht und Gehorsam für die Gesetze, noch glüht Vaterlandsliebe und Tapferkeit, noch entzückt den fremden Wanderer der Anblick des Wohlstandes, der Eintracht und des Segens und Friedens im Lande, ein Anblick der in der Ferne [noch] seine Seele mit süssen Erinnerungen labt und in ihr den Wunsch nährt: O wäre meine Wohnstätte in dem glücklichen Lande.»[9] Korrigiert wird dieses Wunschbild eines von selbstherrlichen Fürsten und absolutistischen Herrschern freien «demokratischen Musterstaates» nur durch wenige kritische Stimmen. Die Diskrepanz zwischen Ideologie und Wirklichkeit ist schon prominenten Zeitgenossen wie Johann Wolfgang Goethe aufgefallen, wenn er sarkastisch meint: «Frei wären die Schweizer, frei die Bürger in den verschlossenen Städten? frei diese armen Teufel an ihren Klippen und Felsen? Was man den Menschen nicht alles weismachen kann! besonders wenn man so ein Märchen in Spiritus aufbewahrt. Sie machten sich einmal von

8 Zur Wahrnehmung der Alpen vgl. Jon Mathieu, Simona Boscani Leoni (Hg.), Die Alpen. Zur europäischen Wahrnehmungsgeschichte seit der Renaissance, Bern 2005; zur Identitätskonstruktion vgl. Thomas Maissen, Die Formalisierung eines gesamtschweizerischen Selbstverständnisses in der Schweizer Historiographie des 16. Jahrhunderts, in: Krysztof Bazkowski und Christian Simon (Hg.), Studia Polono-Helvetica II: Historiographie in Polen und der Schweiz, Krakau 1994, S. 69–102.

9 Johannes Strickler, Die alte Schweiz und die helvetische Revolution. Mit literarischen Beigaben, Frauenfeld 1899, S. 88; die ausländischen Reiseschriftsteller finden auch in der Schweiz ihre Nachahmer. Ein Beispiel ist die Schrift des Waadtländer Pfarrers Abraham Ruchat, Les délices de la Suisse (1714).

einem Tyrannen los und konnten sich einen Augenblick frei denken, nun erschuf ihnen die liebe Sonne aus dem Aas des Unterdrückers einen Schwarm kleiner Tyrannen durch eine sonderbare Wiedergeburt, nun erzählen sie das alte Märchen immerfort, sie hätten sich einmal frei gemacht und wären frei geblieben.»[10] Die Einschätzung Goethes aus dem Jahr 1779 entspricht durchaus den Erkenntnissen der modernen Geschichtsforschung, die im ausgehenden Ancien Régime eine zunehmende Abschliessungs- und Oligarchisierungstendenz feststellt.[11] Sowohl in den Städte- wie auch in den Länderorten konzentriert sich die Macht auf wenige einflussreiche Familien. Nach 1780 sind dann vermehrt kritische Stimmen zu den Zuständen in einzelnen Orten der alten Eidgenossenschaft zu vernehmen. Das gegen den aufmüpfigen Zürcher Pfarrer und Regimekritiker Johann Heinrich Waser verhängte Todesurteil trägt wesentlich zu dieser Entwicklung bei.[12] Der aus Brugg stammende und später in Hannover lebende Arzt und Publizist Johann Georg Zimmermann schreibt in einem Brief an Johannes Stapfer: «Sie können nicht glauben, wie sehr die Schweitzer insgesamt in den Augen von Deutschland seit zehen Jahren gesunken sind. Schlözer hat dazu das meiste beigetragen, weil seine Staatsanzeigen in ganz Deutschland gelesen werden.»[13] In dieser Zeitschrift hat Waser kritische Aufsätze veröffentlicht, die im Malefiz Prozess eine wichtige Rolle spielen. Für den Heraus-

10 Johann Wolfgang Goethe, Briefe aus der Schweiz, zit. nach Holger Böning, Revolution in der Schweiz. Das Ende der Alten Eidgenossenschaft. Die Helvetische Republik 1798–1803, Frankfurt a. M. 1985, S. 14; vgl. auch Morkowska, Vom Stiefkind zum Liebling, S. 159.

11 Vgl. Rudolf Braun, Das ausgehende Ancien Régime in der Schweiz, Aufriss einer Wirtschafts- und Sozialgeschichte des 18. Jahrhunderts, Göttingen 1984, S. 218 f.

12 Zum Fall Waser vgl. Rolf Graber, Der Waser Handel. Analyse eines soziopolitischen Konflikts in der alten Eidgenossenschaft, in: Schweizerische Zeitschrift für Geschichte, Vol. 30, 1980, S. 321–356.

13 Zit. nach Stephan Meyer, Vorbote des Untergangs. Die Angst der Schweizer Aristokraten vor Joseph II, Zürich 1999, S. 336, Anm. 20.

geber der Staatsanzeigen, den Göttinger Professor August Ludwig Schlözer, wird Zürich zum Paradebeispiel einer despotischen Regierung. Um seine Abscheu vor der Zürcher Ratsoligarchie zum Ausdruck zu bringen, soll er in seinen Kollegien jeweils die Bemerkung gemacht haben: «Solches geschieht nur in Algier, Marokko und Zürich.»[14]

2.3 Die Schweiz als Experimentierfeld der Demokratie

Am 15. Januar 1848 trägt Alexis de Tocqueville in der «Académie des sciences morales et politiques» in Paris einen «Bericht über die Demokratie in der Schweiz» vor. Der Bericht geht auf Beobachtungen zurück, die der konservative Publizist und Politiker 1836 anlässlich einer Schweizerreise gemacht hat. Bemerkenswert ist seine Beurteilung der demokratischen Entwicklung in der Eidgenossenschaft. Er ordnet diese zwar ins allgemeine Revolutionsgeschehen ein, betont aber zugleich ihren besonderen Charakter: «Was in der Schweiz geschieht, ist kein Einzelfall. Es ist eine besondere Entwicklung innerhalb der allgemeinen Umwälzung, die den ganzen Bau der Institutionen Europas in den Ruin stürzt. Ist die Bühne auch klein, hat das Schauspiel doch seine Grösse. Es hat vor allem eine einzigartige Originalität. Nirgends kam die demokratische Revolution unter so komplexen Umständen zustande.»[15] Mit seiner Bemerkung «alle Kantonsregierungen sind heute demokratisch, aber die Demokratie zeigt sich nicht

14 Ebd.

15 Alexis de Tocqueville, Bericht über die Demokratie in der Schweiz, in: Ders., Kleine politische Schriften, Berlin 2006, S. 163–177, bes. S. 165, zit. nach Jakob Tanner, Die Schweiz im System Metternich. Das Revolutions- und Ordnungspotential der Demokratie, in: Regierungsrat des Kantons Zürich, Daniel Brühlmeier (Hg.), Zürich und der Wiener Kongress. Erklärung über die Angelegenheiten der Schweiz vom 20. März 1815, Zürich 2015, S. 57–74, bes. S 67.

in allen in derselben Gestalt»,[16] wird diese «einzigartige Originalität» explizit benannt. In der ersten Hälfte des 19. Jahrhunderts konkurrieren in der Schweiz zwei Demokratiemodelle, das repräsentative und das als «reine Demokratie» bezeichnete versammlungsdemokratische Modell. Wie Tocqueville scharfsinnig beobachtet, führt dies in einzelnen Kantonen zu einer Mischform: «Anzumerken ist zunächst, dass das Volk selbst in den repräsentativen Demokratien der Schweiz die unmittelbare Ausübung eines Teils der Macht in den eigenen Händen behalten hat. In einigen Kantonen müssen die wichtigsten Gesetze, nachdem sie von der gesetzgebenden Versammlung gebilligt wurden, noch einer Volksabstimmung unterzogen werden, damit entartet die repräsentative Demokratie in besonderen Fällen zur reinen Demokratie.»[17] Was Tocqueville als Entartung bezeichnet, ist eine neue Variante, die sich in einem komplizierten Prozess herausgebildet hat, die halbdirekte Demokratie. Diese ist nicht einfach das Resultat einer linearen Entwicklung, sondern einer Konfrontation alternativer Demokratiekonzepte. Durch die kreative Auseinandersetzung wird die Schweiz zu einem Experimentierfeld demokratischer Partizipationsformen. Eine weitere Bemerkung Tocquevilles erweist sich als vorausschauend und für die Interpretation der Demokratieentwicklung in der Sattelzeit (1750–1850) als besonders wichtig. Er betont nicht nur die Relevanz der Befreiungskämpfe gegen die Aristokratie, sondern die gleichzeitige Anpassung «an die Gesetze, und sogar die Meinungen und Neigungen der Aristokratie.» So zeigte sich ihnen die Freiheit «nur noch in Gestalt eines Privilegs, und die Idee, des allgemeinen und natürlichen Rechts aller Menschen, frei zu sein, diese Idee blieb

16 Alexis de Tocqueville, Bericht über die Demokratie in der Schweiz, in: Berliner Journal für Soziologie (2005), Heft 4, S. 447–458, bes. S. 450, zit. nach Benjamin Peschke, Über Demokratie in der Schweiz. Der Mythos und die halb-direkte Demokratie, München 2007.

17 Ebd. S. 451.

ihrem Geist ebenso fremd wie dem der Fürsten aus dem Hause Österreich, die sie besiegt hatten.»[18] Tocqueville unterscheidet zwischen der alten, korporativen Freiheit, die anschlussfähig ist an die ständisch-feudale Ordnung und der neuen Freiheit, als ein Naturrecht, das nicht nur für eine privilegierte Gruppe, sondern für alle Menschen gilt. Mit Bezug auf Tocqueville hat der Zürcher Historiker Leonhard von Muralt 1941 diese Unterscheidung wieder aufgegriffen und auf deren Relevanz für das Verständnis der helvetischen Revolution in der Schweiz hingewiesen.[19] Allerdings mit deutlichen Vorbehalten gegenüber der neuen Freiheit. Er warnt eindringlich vor der «(ungeheure[n] Gefahr der Anarchie die hinter der Verwirklichung der Freiheit laue[re]» und fordert, dass dieser ein «Prinzip der Ordnung» entgegengestellt werden müsse.[20]

2.4 Fremdwahrnehmung im späten 19. und frühen 20. Jahrhundert

1892 veröffentlicht der amerikanische Journalist John W. Sullivan ein Pamphlet mit dem Titel «Direct Legislation», das in einer Auflage von 50000 Exemplaren erscheint. Die Schrift orientiert sich an der Einführung direktdemokratischer Instrumente wie Initiative und Referendum in der Schweiz:[21] «The Swiss had discovered

18 Tocqueville, Bericht über die Demokratie in der Schweiz, S. 165, zit. nach Tanner, Die Schweiz im «System Metternich», S. 65.

19 Leonhard von Muralt, Alte und neue Freiheit in der helvetischen Revolution, in: Der Historiker und die Geschichte. Ausgewählte Aufsätze und Vorträge. Festschrift für Leonhard von Muralt, Zürich 1960, S. 147–160, bes. S. 157.

20 Ebd. S. 159.

21 Zum «Export» der Direkten Demokratie in die USA vgl. Andreas Gross, Die unvollendete Direkte Demokratie 1984–2015. Texte zur Schweiz und darüber hinaus. Mit einem Vorwort von Roger Blum, Zürich 2016, S. 308–314; zum transatlantischen Ideentransfer in Bezug auf das Refe-

a direct, simply way to adjust their social contract (...). By branishing special privilege and divisive partisanship and eliminating autocratic legislative power and self-interested bureaucracy, they had made their systen more accountable and more responsive."[22] Da sich zu dieser Zeit in den USA die soziale Situation der Farmer des mittleren Westens und der Industriearbeiter dramatisch verschlechtert, formiert sich eine breite Bewegung, die sozialpolitische Forderungen stellt. Diese richten sich gegen Banken, Trusts und die Profiteure des Wirtschaftssystems. Es kommt zu einem Zusammenschluss der Kampfbünde der Farmer (Farmer's Alliances) mit den Gewerkschaften. Daraus entsteht in den 1890er-Jahren eine breite Volksbewegung, die als «Populist Movement» bezeichnet wird.[23] Nebst sozialen Postulaten werden auch Forderungen nach einer Reform des politischen Systems gestellt, wie geheime Abstimmungen, Volksentscheide und direkte Wahl der Senatoren. Deshalb findet die Schrift Sullivans mit seinen Hinweisen auf die direkte Demokratie in der Schweiz besondere Beachtung. Da dieser aus Oregon stammt, werden seine Ideen dort zuerst rezipiert. In einer Deklaration des «Joint Committee of Direct Legislation» in Portland/Oregon findet sich ein entsprechender Hinweis: «Oregon could then follow in the path of the middle-class paradise of Switzerland, witch has no beggars, paupers no home-made millionaires.»[24] Interessant sind die Parallelen zur «Demokratischen Bewegung im Kanton Zürich der 1860er-Jahre, bei der auch die «Mittelklassen» eine zentrale Rolle spielen. Zudem wird die vom «Swiss System» beeinflusste Verfassung von

rendum vgl. auch Antoine Chollet, Les allers-retours transatlantiques du référendum, in: traverse, Zeitschrift für Geschichte, 2019, Heft 1: Die Schweiz – eine Kulturtransfergeschichte, S. 58–70.

22 Zit. nach www.andigross.ch: Archiv für Direkte Demokratie.

23 Zum «Populist Movement» vgl. Willi Paul Adams (Hg.), Die vereinigten Staaten von Amerika. (Fischer Weltgeschichte, Bd. 30), Frankfurt a. M. 1977, S. 256–261.

24 Zit. nach https://www.andigross.ch: Atelier für Direkte Demokratie

Oregon zum Vorbild für die Einführung direktdemokratischer Instrumente in anderen amerikanischen Bundesstaaten. Insgesamt führen 23 Bundesstaaten Mitbestimmungsrechte ein.

Auch in anderen Ländern wird im ausgehenden 19. und frühen 20. Jahrhundert den politischen Institutionen der Schweiz grosse Bewunderung entgegengebracht. Für zahlreiche Intellektuelle präsentierte sich die Schweiz als Lehrstück für Demokratie.[25] An der Geschichte des Kleinstaates könne man untersuchen, wie weit die Idee der Volkssouveränität überhaupt zu verwirklichen sei. In seinem Werk «Histoire politique de L'Europe contemporaine» schreibt der französische Historiker Charles Seignobos über die Schweiz: «Il ne faudrait pas mesurer l'intérêt de l'histoire de la Suisse à la taille de son territoire. Ce pays tient une très grande place dans l'histoire des institutions contemporaines de Europe [...] à quiconque veut comprendre l'évolution des sociétés démocratiques modernes, on doit recommander cette histoire comme le recueil le plus instructif de la souveraineté du peuple.»[26]

25 Martin Schaffner, Die demokratische Bewegung der 1860er Jahre. Beschreibung und Erklärung der Zürcher Volksbewegung 1867 (Basler Beiträge zur Geschichtswissenschaft, Bd. 146), Basel 1982, S. 3 f.

26 Charles Seignobos, Histoire politique de l'Europe contemporaine. Evolution des parties et des formes politiques 1814–1896, Paris 1908, S. 238, zit. nach Schaffner, Die demokratische Bewegung, S. 3.

3 Selbstwahrnehmung in historischem Kontext

3.1 Republikanisches Selbstverständnis

Schon im 16. Jahrhundert sind in der alten Eidgenossenschaft Hinweise auf ein republikanisches Selbstverständnis zu finden. Der Zürcher Theologieprofessor und Gelehrte Josias Simler schreibt 1576 in seinem Werk «De Republica Helvetiorum»: «Unter den freyen Regimentern und Staaten, die keinem Fürsten und Herren unterworfen sind, wird gemeinlich eine Lobliche Eidgenossschaft nach Venedig auf das fürnehmste geachtet [...] Es fragen sich die Frömden oft und vil: Was für ein Regierungsform in der Eidgenossschaft seye. Dann es sie wunder nihmt, dass so vil Städte und Länder in wenig Jahren sich zusamen verbunden und gleich als ein Staat worden sind, und jez so vil Jahr standhaft und einmüthig bey einanderen verharrt haben. [...] ob gleich das [auf] das accurateste zureden nicht ein Staat ist, so mag doch ein gemeine Lobliche Eidgenossschaft für ein Staat, Republic und Regierung gehalten und genennet werden, und hat diser Staat nun bey zweyhundert Jahren gewährt, auch seine Freyheit in grosser Einigkeit mit einanderen erhalten.»[27] Seine Schilderungen des Charakters der Eidgenossen enthalten bereits Elemente jener Tugendrhetorik, die für den frühneuzeitlichen Republikanismus konstitutiv ist. In Analogie zu Beispielen aus dem antiken Griechenland und Rom warnt der Autor immer wieder vor dem Sittenverfall und plädiert für die Wiederherstellung der Sitten der Vorväter: «Ein Gleiches [er bezieht sich

27 Josias Simler, Von dem Regiment der Lobl. Eydgenossschaft. Zwey Bücher. Von Josia Simler. Nun aber mit erforderlichen Anmerkungen erläuteret und bis auf dieser Zeiten fortgesetzet. Von Hans Jacob Leu, Zürich, Getruckt bey David Gessner 1722, S. 1–6, zit. nach Rolf Graber, Wege zur direkten Demokratie in der Schweiz, Eine kommentierte Quellenauswahl von der Frühneuzeit bis 1874, S. 81.

auf ein Beispiel aus dem alten Griechenland] bedünkt mich, möge man von den Eydgenossen sagen, denn man kann nicht läugnen, dass die Mässigkeit der Altvordern im Essen, Trincken, Kleidung, Haus-Rath und ganzem Leben vast zu Grund gegangen seye. Man lasse sich nicht mehr nur mit wenigem vergnügen und ist nicht also eingezogen, als vor Zeiten, da man keine Pensionen von Fürsten und Herren hatte, sonder einjeder mit seiner Arbeit sich ernehren müsste. Deshalben ich übel besorge, wir kommen um die Ding, die wir noch überig haben, namlich um das alte Lob der Dapferkeit in den Kriegen, Freundlichkeit und Güte in allen Leben, auch Liebe zur Gerechtigkeit und Billichkeit, und so das geschehe wurde darauf folgen, dass diejenigen, die zuvor heftig nach der Eydgenossen Freundschaft und Bündnuss gestellet haben, ihr Gemüth enderen, und nach nichts mehr trachten, dann wie sie uns untertrucken mögen.»[28] Anknüpfend an die griechischen Poleis kann Simler seine Luxuskritik entfalten. Er beschreibt, wie die ursprünglichen Sitten wie Mässigkeit, Tapferkeit, Freundlichkeit, Liebe zur Gerechtigkeit und Billigkeit in Vergessenheit geraten sind. Indem er für die Wiederherstellung der alten Sitten plädiert, wird Simlers Werk zum Ausgangspunkt für einen Tugenddiskurs, der sich im 18. Jahrhundert intensiviert. Die Neuherausgabe und Rezeption seines Werks im späten 17. und frühen 18. Jahrhundert tragen wesentlich zu dieser Intensivierung bei. Besonders wichtig sind Übersetzung und Neuedition von Johann Jakob Leu. Dieser aktualisiert die Luxuskritik, indem er auf die ökonomische Entwicklung hinweist, die seit dem Erscheinen von Simlers Werk stattgefunden hat: «Hier wird nicht unnötig erachtet, anzufügen, dass sinth des Autors und bisherigen sich in der Eydgenossenschaft sich ergebenen fridlichen Zeitlläuffen auch in verschiedenen Eidgenössisch. Städten die Handelschaften, Fabriques und Manufacturen merck-

28 Simler, Von dem Regiment der Lobl. Eydgenossschaft, S. 427 f., zit. nach Graber, Wege zur direkten Demokratie in der Schweiz, S. 84.

lich geäuffnet werden und vil Eidgenossen welche vor diesen ihr Glük in den Kriegs-Diensten gesucht und gefunden, nun ein gleiches im Commercio gethan. Und obgleich in dem Land selbsten nicht gar vil Waaren wachsen und sich befinden, welche in frömde Oerther gebracht werden, aussert was an Pferd und Viehe auch Butter, Käsen und dergleichen etwann ausser das Land kommet, so ist doch die Situation der Eydgenossschaft so zwüschen Teutschland, Frankreich und Italien beschaffen, dass selbige zu Auswechslung der von eint solcher Ländern in das andere nöthigen Waaren grosse Facilität und Komlichkeit mitbringe, auch geben die aus der Eydgenossenschaft abfliessende grosse Schiff tragende Flüsse zugleich hierzu alle Gelegenheit; worzu noch kommet, dass in einigen Städten und Orthen so verschiedene Fabriques und Manufacturen von Gold, Seiden, Wollen, Baum Wollen und andern Waaren angelegt und unterhalten werden, dass nicht nur dadurch eine merckliche Anzahl Einwohner ernehret, sondern auch alljährlich darvon eine grosse Menge in frömde Lande abgeführet und daselbst verkauft wird zu welcher Aufnahm die Einwohner in einigen Orten nicht nur eine besondere Begierd, sondern auch eine nicht geringe Tüchtigkeit bezeigen.»[29] Leu zeichnet hier den Weg zur Kommerzgesellschaft nach, die sich in der ersten Hälfte des 18. Jahrhunderts verstärkt bemerkbar macht. Handel und Produktion von Textilien bringen beträchtlichen Reichtum ins Land und bieten neue Arbeitsmöglichkeiten. Diese Entwicklung hat für Ihn eine positive Seite, indem weniger Menschen gezwungen sind, ihr Auskommen als Söldner zu verdienen. Allerdings führt sie auch zu mehr sozialer Ungleichheit und zur Konzentration des Reichtums auf wenige Familien, die sich von der übrigen Bürgerschaft abheben. Dadurch erhält die Luxuskritik eine weitere Dimension. Sie richtet sich gegen die Kommerzgesellschaft.[30]

29 Ebd. S. 428.

30 Vgl. Daniel Tröhler, Republikanismus und Pädagogik. Pestalozzi im his-

3.2 Konturierung des eidgenössischen Selbstverständnisses durch niederländische Einflüsse

Im 17. Jahrhundert führt die aussenpolitische Bedrohung durch das absolutistische Frankreich zu einer Neupositionierung der Schweiz im europäischen Staatensystem und zu einer stärkeren Annäherung an Republiken wie Venedig und die Niederlande. Vor allem die Kontakte zu den Niederlanden tragen zusätzlich zur Konturierung des Selbstbildes bei. Eine wichtige Rolle bei der Weiterentwicklung spielt der niederländische Gesandte Petrus Valkenier, der in seiner Schrift «Her Verwerd Europa» die Gemeinsamkeiten zwischen den beiden Republiken hervorhebt: «Die Schweitzerischen Cantonen und die Vereinigte Niederlande, weil sie beyderseits eine Republick Regierung haben, welche von allen Potentaten gehasset und gedräuet wird, müsten sich genau an einander verbinden und eine die ander in ihrer Freyheit, welche sie lieber haben sollten als ihr Leben, beschützen. Hierzu sind die Schweitzer desto mehr verpflichtet, weil sie den Anfang ihres freyen Staats einem holländischen Graven zu dancken haben, nemlich Ludwig von Bäyern, der zugleich Keyser war und die Schweitzerische Freyheit in ihrem ersten Anfang wieder den Gewalt des Hauses Oestreich mit offendlichen Urkunden hat befestiget. Diese beyde Republiken sind gleichsam die beyde Arme des Teutschen Reiches, welche sehr starck und erschrecklich sind, so woll wegen der Tapfferkeit der Inwohner als auch wegen ihrer Wollgelegenheit. Die erste ist

---

torischen Kontext, Bad Heilbrunn, 2006, S. 68–74.; ders, Die Vereinigten Niederlande und die Alte Eidgenossenschaft im 18. Jahrhundert. Der republikanische Tugenddiskurs in der Schweiz vor dem Hintergrund einer «commercial republic», in: Max Mangold, Jürgen Oelkers (Hg.), Demokratie, Bildung und Markt, Bern 2003, S.175–205, bes. S. 181–185; zum theoretischen Ansatz ders., Curriculum, Languages and Mentalities. Chicago pragmatism as response to a cultural construction of modernity, in: B. Baker (Hg.), New Curriculum History, Rotterdam u. a. 2009 (Educational Futures, Bd. 33), S.95–113.

genugsahm gestärcket durch ihre hohe Berge und enge Wege, die andere mit Wasser und Morasten. Jene herrschen über die Berge, diese über das Meer. Die Natur dieser beyden Völcker kömt mit der Beschaffenheit ihrer beyder Länder so woll über ein, dass die Schweitzer umb der Berge willen und die Berge umb der Schweitzer willen, das Meer umb der Niederländer und die Niederländer umb des Meeres willen scheinen gebohren und entstanden zu seyn.»[31] Durch die Übernahme der Fremdeinschätzung, aber auch durch Rekurs auf autochthone Situierungsversuche entwickelt sich bei den politischen Eliten der Schweiz des 17. Jahrhunderts ein spezifisches «republikanisches Selbstverständnis» und im 18. Jahrhundert ein «republikanisches Selbstbewusstsein»,[32] das in Abgrenzung zur monarchischen Staatenwelt als «städtischer Republikanismus» umschrieben werden kann.[33]

31 Petrus Valkenier, Das verwirrte Europa, Amsterdam 1677, S. 56, zit. nach Thomas Maissen, Die Geburt der Republic. Staatsverständnis und Repräsentation in der frühneuzeitlichen Eidgenossenschaft (Historische Semantik, Bd. 4), Göttingen 2006, S. 358.

32 Zum Kontext vgl. ebd. S. 77 ff. und ders., Petrus Valkeniers republikanische Sendung. Die niederländische Prägung des neuzeitlichen schweizerischen Staatsverständnisses, in: Schweizerische Zeitschrift für Geschichte, Nr. 48 (1998), S. 149–178, bes. 156 ff., ders. «Eine Absolute, Independente, Souveraine und zugleich Neutrale Republic. Die Genese eines republikanischen Selbstverständnisses in der Schweiz im 17. Jahrhundert, in: Michael Böhler, Etienne Hofmann, Peter H. Reil, Simone Zurbuchen (Hg.), Republikanische Tugend. Ausbildung eines Schweizer Nationalbewusstseins und Erziehung eines neuen Bürgers. Contribution à une nouvelle approche des Lumières helvétiques, 16. Kolloquium der Schweizerischen Akademie der Geistes- und Sozialwissenschaften (Travaux sur la Suisse des Lumières 29), Genève 2000, S. 139–150, bes. S. 132.

33 Diese Tugendrhetorik orientiert sich an antiken Vorbildern und am Traditionsstrang des Bürgerhumanismus der italienischen Renaissance. Wegleitend für die Deutung dieser «politischen Sprache»: John G. A. Pocock, Die andere Bürgergesellschaft. Zur Dialektik von Tugend und Korruption. Aus dem Englischen von K. Blocher, New York, Frankfurt a. M., 1993; ders., The Machiavellian Moment. Florentin Political Thought and the Atlantic Republican Tradition, Princeton 1975.

3.3 Republikanische Tugend: Radikalisierung des Tugenddiskurses

Wie schon am Text von Josias Simler gezeigt, wird der Idealzustand der Republik durch Eigennutz, Korruption und moralische Dekadenz als stets gefährdet betrachtet. Das republikanische Selbstbewusstsein der politischen Eliten der Städteorte wird konterkariert durch einen radikalen Republikanismus, der den Tugendbegriff zu einem politischen Kampfbegriff umfunktioniert und einen oppositionellen, antiaristokratischen Charakter annimmt. Beispielhaft dafür ist eine politische Jugendbewegung in Zürich 1762–1768, die sich zuerst in legalen Sozietäten und später in Geheimgesellschaften formiert.[34] Ausgehend von der Feststellung Montesquieus, dass auch in demokratischen Staaten bisweilen Revolutionen notwendig seien, wird nach Fällen von Machtmissbrauch und Korruption gefahndet, um daran den Verfall der Republik zu demonstrieren. In einem Vortragszyklus der «Helvetischen Gesellschaft auf der Gerwi» zur Schweizer Geschichte spricht Hans Rudolf Kramer über die Folgen des Verfalls der politischen Tugend: «Sobald aber die [...] Tugend verschwindet, so bald bemächtigte sich Ehrgeiz empfindlicher Herzen, und anstekender Geltgeiz schleicht sich in der Mitte des Volkes ein. Die Gegenstände, die man vorher liebte, liebet man nicht mehr. Man ware frey mit den Gesetzen, jez will man es gegen ihre Stimmen sein [...] Ehedem machten die privat Güter den öffentlichen Schatz aus. Aber dann wird der öffentliche Schatz zum privat gut jedes Particularen gemacht, die Republic gleichet einem Raubnest, und ihre Stärke bestehet in der Gewalt einiger Bürger und der aus-

---

34 Rolf Graber. Bürgerliche Öffentlichkeit und spätabsolutistischer Staat. Sozietätenbewegung und Konfliktkonjunktur in Zürich 1746–1780, Zürich 1993, S. 61–79.

gelassenheit aller.»[35] Weil die am Tugendideal orientierte Kritik immer heftiger wird, begegnet die Regierung der politischen Jugendbewegung mit verstärkter Repression. Deshalb kommt es zu einer Neuformierung der oppositionellen Kräfte in Geheimgesellschaften. Im Gründungsdokument eines Geheimzirkels werden die politischen Zielvorstellungen der Akteure explizit benannt: «Der Endzwek unserer Gesellschaft soll seyn, aus äussersten Kräften der Verderbniss, die sich immer weiter in unserm Vaterland ausbreitet, entgegen zu arbeiten und alles was Wir vermögen, anzustrengen, den Staat wieder auf seine ursprüngliche Einfachheit zurückzuführen. Metaphysische und alle eiteln Speculationen sind aus unsern Cirkel verbannt – ein glückliches festliches Gefühl durch die herrlichen Schriften des Plato, Plutarch, Montesquieu, Rousseau und Gordon gestärkt und geläutert soll unser Leitstern seyn. Wenn Wir die Geschichte unsers Vaterlandes lesen, so soll es vornehmlich auch in der Hinsicht geschehen, um uns, je länger, je mehr zu überzeugen, das es demselben von seiner Entstehung an, bis auf jetzt an Staats-Gesezen gefehlt, und dass hiemit besonders bey dem immer mehr überhand nehmenden verfall der Sitten, welche sonst noch den Plaz der Geseze ausfüllen könnten, eine Haubt-Revolution vonnöthen seye, um gutes zu wirken, da langsames wirken, und verbessern Zu gar nichts führe.»[36] Gleichzeitig wird der Lebensstil der Oberschicht und

35 Zentralbibliothek Zürich (ZBZ), Ms. G 219.7: Geschichte der Revolutionen in der Regierungsform der Länder vom 17. Jahr Hundert bis auf jez (1768),S. 3.

36 Betr. Aufhebung unserer historisch-politischen Gesellschaft auf dem Bach (März 1765, Zentralbibliothek Zürich (ZBZ) Ms. Bodmer 37.3, Umschlag 24, S. 1f. das ganze Dokument ist gedruckt in Daniel Tröhler, Politische Bildung im Untergrund Zürichs 1762–1767, in: Jürg W. Link, Frank Tosch (Hg.), Bildungsgeschichte in Quellen. Hanno Schmitt zum 65 Geburtstag, Bad Heilbronn 2007, S. 95–109, bes. S. 101 f; Ausschnitte auch bei Rolf Graber, Spätabsolutismus und Geheimgesellschaften in Zürich 1760–1780, in: Helmut Reinalter (Hg.), Die demokratische Bewegung in Mitteleuropa von der Spätaufklärung bis zur Revolution

der Hang zum Luxus angeprangert, und mit dem Askeseideal der Spartaner konfrontiert. So fordert ein Mitglied der Gesellschaft seine Gesinnungsgenossen auf: «Geht den geraden Weg. Diesen allein hat die Natur vorgezeichnet, jeder andere führt zum Verderben. Dieser gerade Weg wird euch zwahr niemals zu geadelten Bösewichtern führen, um durch Schmeichelei euch ihre Gewalt zu erwerben, niemals wird er zu Ehrenstellen führen, welche ein anderer besser bekleiden werde, als ihr. Niemals wird er euch den Namen eines eifrigen Orthodoxen erwerben, aber er wird euch zum Tempel der wahren Religion führen, und zu den Altären, welches die hütten eurer verarmten Mitbürger sind. Er wird euch zeigen wie ihr euer Gut in Ehren äufnen müst, nämlich durch Sparsamkeit und Verachtung allen eitlen Pomps.»[37] Im Rekurs auf Vorbilder aus der Antike und auf die tugendhaften alten Eidgenossen sehen sich die Gesellschaftsmitglieder als moralische Helden, die berufen sind, dem zunehmenden Sittenzerfall entgegen zu treten. Wichtige Impulse für diese Luxuskritik und die Radikalisierung der Bewegung gehen von Johann Jakob Bodmer aus. Dieser ist Professor für vaterländische Geschichte am Carolinum, der theologischen Hochschule der Stadt und macht seine Schüler mit den Schriften Voltaires, Montesquieus und Rousseaus bekannt. Neben seinen Vorlesungen organisiert er eine Art Parallelbildung, die im privaten Rahmen in informellen Zirkeln und anlässlich von Spaziergängen erfolgt. Sein ehemaliger Schüler Johann Rudolf Schinz gibt eine treffende Beschreibung von Bodmers unkonventionellem Lehrstil: «Wer seine Lehrstunden besuchen wollte, war ihm willkom[men], und wer sich aus jedem

von 1848/49. Ein Tagungsbericht (vergleichende Gesellschaftsgeschichte und politische Ideengeschichte der Neuzeit, Bd. 6), Innsbruck 1988, S. 85–95, bes, S. 90 f.; ferner Rolf Graber, Bürgerliche Öffentlichkeit und spätabsolutistischer Staat, S. 76–79.

37 Johann Heinrich Füssli. Abschied von seinen Freunden 1762. ZBZ Ms. Bodmer 37.3, Umschlag 4, S. 5f.

Stand und Alter mit ihm weitläuftiger in seinem Haus unterhalten wollte, dem öfnete er alsobald sein Herz. Da hielt er nicht Vorlesungen wie die mit Geld bezahlten Lehrer auf Universitäten, die für Leute aus allen Classen und für alle Orte sich schicken, und für niemand ganz passen [...] Er sprach mit seinen Schülern wie mit Männern, vertraulich bald über dies bald über jenes Stück der Geschichte, das er sie zu Haus lesen liess, oder über einen Gegenstand der Gesetzgebung, oder unserer Regierungsverfassung, Er lehrte die Rechte des Bürgers, wie sich die gesellschaftlichen Pflichten zum Naturrecht verhalten und was jeder Stand in der Gesellschaft für ursprüngliche Rechte vergeben und verlohren habe, oder anzusprechen hätte.»[38] Die Orientierung an einem radikalisierten Tugendbegriff führt dazu, dass die Bodmerschüler den Worten auch Taten folgen lassen, indem sie Missstände in Staat und Kirche publik machen. Prominentestes Beispiel ist der Fall eines korrupten Landvogts. Als die Herrschaftsträger die Bewegung als Gefahr für die bestehende politische Ordnung empfinden und den jugendlichen Kritikern mit immer stärkerer Repression begegnen, macht sich Resignation breit und die Kritik am Staatswesen wird immer radikaler: «Die Schweiz ist ein kaum sehbarer Erdflecken, wenn man ihn sehen soll, so muss er diamantgleich schimmern, und er ist schmutzig, Gott weiss es. Die Schweizer und der Kanton, dem ich das Leben schuldig bin sind gesunken und in meinem Sinne bis zur letzten Hefe [...]. Ein Rat und Bür-

38 Johann Rudolf Schinz, Was Bodmer seinem Zürich gewesen. Für Ungelehrte von einem Ungelehrten, o.O. 1783; zu Bodmers Lehrtätigkeit vgl. Jesko Reiling, Die Genese der idealen Gesellschaft. Studien zum literarischen Werk von Johann Jakob Bodmer (1698–1783), Berlin, New York 2010. S.17 f.; zu Bodmers Stellung im Netzwerk der Zürcher Aufklärung vgl. Rolf Graber, «Aber sie sagten, dass sie keine Lumières haben wollten». Bodmers Position im Zürcher Aufklärungsdiskurs am Beispiel des «Genfer Geschäfts» und des «Waser Handels», in: Anett Lütteken und Barbara Mahlmann-Bauer (Hg.), Bodmer und Breitinger im Netzwerk der europäischen Aufklärung (Das achtzehnte Jahrhundert, Supplementa, Bd. 16), Göttingen 2009, S. 365–385.

ger, der weint oder erblasst, wenn man einen Mörder und Dieben henkt und wegjagt, bloss weil er statt eines Strickes einen Kragen trägt, ein Haufe von Bürgern, Krämern und Kaufleuten, die mit unvergleichlicher Raserei, Schwelgerei, Weiberlaster, Bourgeoisgentilhommie, Sinnlosigkeit und Flittergold in der Stadt dieben, ein Pack Geistlicher und Professoren, Medizinisten und Kanzlisten, die mit der Unwissenheit einen Salzbund gemacht, die Jesum Christum und Rousseau verdammen, um mit Calvin, so wie ihre Gegenpartei mit Loyola zu rasen, die Wein pissen, wenn sie Wasser sehen sollten,[...] das ist alles was mein Vaterland bewohnet – ich mag nicht mehr schreiben – damn the pen»[39]. Als Johann Heinrich Füssli am 6. Dezember 1765 diese Zeilen niederschreibt, hat er sich bereits nach London abgesetzt, wo er später als Maler und Professor für Malerei an der Royal Academy Karriere macht.[40]

3.4 Modifikation des republikanischen Selbstverständnisses unter Einfluss der Französischen Revolution

Nach 1789 wird die Bevölkerung der Schweiz mit einer Flut von Informationen überhäuft, die zur Veränderung des politischen Bewusstseins beitragen. Nachrichten über die Ereignisse in Frankreich, aber auch Zeitungen und Flugschriften erreichen über die Kommunikationsnetze einer neu entstandenen bürgerlichen Öffentlichkeit die ländliche Oberschicht. Dies führt dazu, dass die politischen Verhältnisse im eigenen Land hinterfragt werden. Ein Schlüsseldokument, das aus dem Diskussionszusammenhang einer ländlichen Lesegesellschaft entstanden ist, vermag den

39 Füssli an Lavater, 6. Dezember 1765, zit, nach Walter Muschg (Hg.), Heinrich Füssli, Briefe (Sammlung Klosterburg, Schweizerische Reihe), Basel 1942, S. 118 f.

40 Zum Kontext vgl. Rolf Graber, Bürgerliche Öffentlichkeit, S. 118 ff.

Bewusstseinswandel zu illustrieren, das «Stäfner Memorial». Die Verfasser dieser Bittschrift an die städtische Regierung hinterfragen sowohl das republikanische Selbstverständnis des Zürcher Stadtstaates als auch die Herrschaftsverhältnisse: «Es sind vielleicht Wenige, vielleicht ist kein einziger, der nicht unsere Regierungsform für eine Republik als die beste und zweckmässigste anerkennt und keiner der nicht die Konstitution von Zürich über alles erhebt, weil sie dem Bürger alle Rechte des Erwerbs zugesteht und alle Stände in Gleichheit setzt. Nur bedauert es ein Landmann, dass diese Konstitution inner die Mauern vergraben, und das Landvolk davon ausgeschlossen ist. Eine solche Konstitution ist nicht nur in Ansehung der Regierung, sondern auch in Hinsicht auf den Erwerb aller Volksklassen notwendig, daher der Mangel derselben die erste allgemeine Klage ist.»[41] Überraschenderweise finden die Verfasser der Bittschrift sogar lobende Worte für die republikanische Verfassung. Sie bedauern lediglich, dass diese nur für eine privilegierte Gruppe gilt, nämlich die Stadtbürger. Somit kritisieren sie implizit das damit verbundene Freiheitsverständnis und konfrontieren die alte Freiheit mit der modernen, naturrechtlichen Freiheitsidee. Dies wird noch deutlicher in den einleitenden Bemerkungen zum Text: «Von freien Vätern erzeugt, sollen wir freie Söhne sein, dafür redet die Geschichte, dafür zeugen die Urkunden, dafür erkennt uns unsere Obrigkeit, so oft die Vertheidigung des Vaterlandes notwendig ist; als solche respektiert uns jene Nation, die gegenwärtig auf dem politischen Schauplatze die Rolle im Grossen spielt, die weiland unsere Väter im Kleinen spielten. Hieraus entsteht aber die wichtige Frage: Sind wir auch wirklich das was unsere Väter gewesen sind, was

41 Heinrich Nehracher, Das Stäfner Memorial. Ein Wort zur Beherzigung an unsre theuersten Landsväter, 1794, in Helvetia. Denkwürdigkeiten für die XXII Freistaaten der Schweizerischen Eidgenossenschaft, Fünfter Band, Aarau. Bei J:J. Schriften, Buchdrucker und Buchhändler, 1829, S. 6–23, bes. S. 8.

wir sein sollten, wofür uns Auswärtige ansehen, und dafür glücklich preisen? Der grösste Teil unseres Volkes, teuerste Landesväter, antwortet mit Nein!»[42] Die Argumentation der Landbürger enthält eine doppelte Stossrichtung. Einerseits beklagen sie, dass sie als freie Bürger nur wahrgenommen würden, wenn es um die Verteidigung des Vaterlandes ginge. Sie hätten zwar Pflichten aber keine Rechte. Andrerseits enthält der Text eine subtile Drohung. Garant der Freiheit ist das revolutionäre Frankreich, es hat die Rolle der traditionellen Freistaaten übernommen und wird zum politischen Referenzmodell. Solche Überlegungen hinterfragen nicht nur das Selbstbild republikanischer Freiheit, sondern schaffen auch einen neuen Bezugspunkt.[43] Obwohl die städtische Regierung die Verbreitung des Memorials verbietet und die Urheber verfolgt, kann die Durchsetzung eines neuen Freiheitsverständnisses in der breiten Bevölkerung nicht verhindert werden. Parallel zur bürgerlichen Öffentlichkeit entsteht eine plebejische Öffentlichkeit, die für die weitere Diffusion der revolutionären Ideen verantwortlich ist. Mobile Bevölkerungsgruppen wie Hausierer, Musikanten und heimkehrende Soldaten tragen die Nachrichten über die Ereignisse in Frankreich in die entlegensten Dörfer. Exemplarisch für diesen Prozess ist die Flugschrift «Materialien zur Geschichte des Kantons Zürich». Verfasser sind Exilanten, die sich ins Elsass abgesetzt haben, um der Repression der Zürcher Regierung zu entgehen. Im Gegensatz zum «Stäfner Memorial» wird ihre Kritik an der republikanischen Verfassung

42 Ebd. S. 6.

43 Rolf Graber, Kollektive Lernprozesse. Zur Bedeutung republikanischer Vorstellungen in Stadt und Landschaft Zürich im ausgehenden 18. Jahrhundert, in: Michael Böhler, Etienne Hofmann, Peter H. Reil, Simone Zurbuchen (Hg,), Republikanische Tugend. Ausbildung eines Schweizer Nationalbewusstseins und Erziehung eines neuen Bürgers. Akten des 16. Kolloquiums der Schweizerischen Akademie der Geistes- und Sozialwissenschaften (Travaux sur la Suisse des Lumières, 2), Genève 2000, S. 207–221, bes. S. 215 f.

ausschliesslich naturrechtlich begründet: «Die ersten Grundsäzze jeder guten Verfassung müssen in der Natur des Menschen selbst aufgesucht werden, sie sind, wie diese, darum allgemein und auf alle Völker passend und müssen die Farbe der Moral tragen. Die Natur hat dem Menschen nach Verschiedenheit des Orts bei seiner Geburt kein verschiedenes Zeichen aufgedrükt mit der Inschrift ‹Du bist zum Sklaven und du zum Herrscher gebohren›, im Gegenteil, sie sagt uns ganz laut ‹Die Existenz jedes Menschen hat eben den Zwek, als die Deinige, daher ist es dir nicht erlaubt deinen Bruder blos als Mittel zu deiner persönlichen Glükseligkeit zu gebrauchen.› Die Stadtbewohner Zürichs müssen das Landvolk als ihre Brüder, und mithin nicht als unterthänige Knechte, die nur darum da sind, um den städtischen Luxus zu erhöhen, ansehen.»[44] Im Unterschied zum «Stäfner Memorial» wird nicht mehr auf positives Recht wie die alten Urkunden rekurriert, sondern die Autoren der «Materialien» finden es lächerlich, «die Volks-Souverainität aus gedrukten oder geschriebenen Urkunden erweisen zu wollen, da doch Natur und Vernunft in ihrem grossen, unwiderleglichen Buche auf jeder Seite laut für dasselbe sprechen und jedes Dokument, wessen Geistes Kind es auch sey, auf Eselshaut, Papier oder Baumrinde geschrieben, in Erz, Stein oder Holz eingehauen, für null und nichtig erklären, wenn dessen Inhalt denselben nicht gemäss ist.»[45]

---

44 Ein Wort über das berüchtigte politische Handbuch von J. D. Wyss, einem Zürcher, 1797, in: Materialien zur Geschichte des Standes Zürich. Erstes Heft, Strassburg 1787, S. 19 f., zit. nach Graber, Wege zur direkten Demokratie in der Schweiz, S. 128.

45 Beweise aus Aktenstücken, dass die Souverainität nicht nur auf der Stadt Zürich ausschliesslich, sondern auf der Stadt und Landschaft zugleich beruhe, in: Materialien zur Geschichte des Standes Zürich, Erstes Heft, Strassburg 1797, S. 3.

3.5 Republikanismus während der Zeit der Helvetischen Republik: Wahrnehmungsmuster der helvetischen Elite

Am 12. April 1798 wird in Aarau die «Eine und Untheilbare Helvetische Republik» ausgerufen. Die ursprünglichen freien Städte und Länderorte, aber auch die Untertanengebiete der Alten Eidgenossenschaft werden in einem Einheitsstaat zusammengefasst. Für die aus der ländlichen Oberschicht und aus einigen reformorientierten städtischen Vertretern der alten Aristokratie hervorgegangene neue helvetische Führungsschicht eröffnet die Verfassung eine Perspektive,[46] die föderalistisch-aristokratischen Widerstände zu brechen und eine Ordnung herzustellen, welche die Standesunterschiede zwischen regierenden Städten und untertänigen Bauern, zwischen Patriziern, gemeinen Bürgern und ewigen Habitanten, zwischen regimentsfähigen und nicht regimentsfähigen Familien sowie zwischen souveränen und nicht souveränen Landleuten aufhebt.[47] Für die neue Führungsschicht geht es darum, der breiten Bevölkerung die Vorteile der neuen Ordnung aufzuzeigen und die Akzeptanz für den Einheitsstaat nach französischem Muster zu erhöhen. Zur ideologischen Rechtfertigung der Staatsgründung wird deshalb auf nationale Mythen zurückgegriffen und die zentralistisch organisierte Helvetische Republik in die ältere schweizerische

46 Zur Zusammensetzung der neuen Führungsschicht vgl. Andreas Staehelin, Helvetik, in: Handbuch der Schweizer Geschichte, Bd. 2, Zürich 1977, S. 785–839, bes. S. 796 ff., ferner Böning, Der Traum von Freiheit und Gleichheit, S. 189 f.

47 Zum Kontext vgl. Rolf Graber, Zur Einführung der Verfassung der Helvetischen Republik. Republikanismus der Eliten – Republikanismus des Volkes, in: Helmut Reinalter (Hg.), Republikbegriff und Republiken seit dem 18. Jahrhundert im europäischen Vergleich, Internationales Symposium zum österreichischen Millennium (Schriftenreihe der Internationalen Forschungsstelle ‹Demokratische Bewegungen in Mitteleuropa 1770–1850›, Bd. 28), Frankfurt a. M. 1999, S. 101–119, bes. S. 106.

Geschichtstradition hineingestellt. Anlässlich der in Luzern gehaltenen Eröffnungssitzung des helvetischen Senats spannt Paulus Usteri, ein Vertreter der helvetischen Generation, den Bogen über fünf Jahrhunderte hinweg und stellt eine Verbindung zwischen der alten und der neuen Auffassung von Freiheit her. Dazu fokussiert er zuerst auf den Gründungsmythos der alten Eidgenossenschaft: «Dass der Tod besser sei als die Knechtschaft, war vor bald fünf Jahrhunderten der Wahlspruch jener unsterblichen Männer, die sich keineswegs der Gefahr ihres gerechtesten Widerstandes gegen Tyrannen und die schreckliche Rache, die an ihrem Vaterlande und an den Ihren genommen werden würde, wenn ihr Beginnen misslänge, verbargen. Aber der guten Sache vertrauend, traten sie dort auf Grütli's Wiese zusammen hoben ihre Hände zum Himmel und schwuren im Namen dessen, der Kaiser und Bauern vom gleichen Stamme geschaffen hat.»[48] In einem Exkurs über «das traurige Jahrhundert der helvetischen Bürgerkriege», die Blindheit «gegen ihre theils ursprünglichen, theils allmälig eingeschlichenen Gebrechen» sowie über herrschsüchtige und eigennützige Absichten der Führer, «die sich notwendigen Neuerungen widersetzten», wird der Niedergang der alten Eidgenossenschaft geschildert, um dann den Neubeginn von 1798 zu präsentieren: «Aber die Stunde hatte geschlagen; die Völker waren erwacht, es waren nun nicht mehr papierne von alten, durch Usurpation verlorenen Freiheiten, die wieder gefunden und in Anspruch genommen wurden, es waren die ewigen unveräusserlichen Menschenrechte, vor deren Licht das Reich der zahllosen Privilegien in ewige Nacht zurücksinken musste. – Galliens Söhne waren aufgestanden, sie erklärten vor dem ganzen Europa den Eintritt

48 Aktensammlung aus der Zeit der Helvetischen Republik (1798–1803), bearb. von Johannes Strickler, Bd. 3, Bern 1889, S. 66–69; vgl. auch Graber, Wege zur direkten Demokratie, S. 175–178, bes. S. 176.

der neuen Ordnung der Dinge, die Freiheit unter dem Gesetz welches das Volk durch seine selbstgewählten Stellvertreter gegeben hat, die Gleichheit der Rechte aller Staatsbürger vor eben diesem Gesetz. – Die Usurpatoren der Völkerfreiheit rüsteten sich zum Kampfe gegen die neue Lehre; aber im Rathe der Vorsehung war beschlossen, dass eben dieser Widerstand gegen die neue Ordnung kräftigstes Beförderungsmittel werden sollte. Schmetternd stürzt jetzt zusammen jener älteste und mächtigste Monarchen-Thron, und das Signal zur Völkerfreiheit – und auch zur Wiedergeburt Helvetiens – war gegeben. Sei gepriesen, Du Gott unserer Väter, seit Jahrtausenden Schützer von Helvetiens Freiheit, Du rufst wieder hervor den erlöschenden Geist der helvetischen Freiheit, Es siehet dein väterliches Auge, Du Gott unserer Väter, wie es mit Wohlgefallen herabsah, auf der Eidgenossen alte Bünde, mit gleichen Wohlgefallen herab auf den neuen Schweizerbund, er ist der Bund unserer Väter den wir wiederholen, – der Bund der Freiheit und Ruhe; die Formen nur sind, dem Zeitbedürfnis gemäss, geändert. [...] Die Formen ändern sich, aber ewig dauern Wahrheit und Recht.»[49] Die im kollektiven Bewusstsein verankerte Vorstellung von den tugendhaften Eidgenossen als einem von Gott auserwählten Heldenvolk wird in den Dienst der politischen Propaganda für die neue Republik gestellt, in der die alte Freiheit eine Verjüngung und Wiedergeburt erfährt. Voraussetzung für diese Wiedergeburt sind allerdings die Vorgänge in Frankreich und die Berufung auf die unveräusserlichen Menschenrechte. Das zukunftsgerichtete Projekt der Helvetik wird also zugleich als Wiedergeburt der Tugendrepublik der alten Eidgenossen interpretiert, ein Vorgang, der sich 1830 wiederholt. Nun werden die politischen Umwälzungen in den Kantonen als Regeneration bezeichnet und damit abermals

49 Ebd., bes. 177.

in eine Traditionslinie gestellt. In der Schweiz wird, wie Andreas Suter zutreffend formuliert, die Erfindung von Tradition zur Tradition von Erfindung.[50] Die Bedeutung der Mythen zeigt sich auch in der Tatsache, dass Wilhelm Tell zum nationalen Symbol erhoben wird und als Staatssiegel auf allen Dokumenten der Helvetischen Republik erscheint. Die neue Republik steht vor der Aufgabe, ein gesamtschweizerisches Nationalbewusstsein im Volk zu verankern und die heterogenen Landesteile zusammenzuschweissen.[51] Aufklärungspädagogische Deklarationen in der Verfassung sollen zur Realisierung der Tugendrepublik beitragen und dieser ein ersatzreligiöses Fundament letztverbindlicher moralischer Normen verleihen.[52] Um dieses Ziel zu erreichen wird auch auf Traditionsbestände zurückgegriffen.

3.6 Republikanismus als Hindernis: Die Perspektive der Frauen

Am 18. April 1869, stimmt der männliche Teil des Zürcher Volks einer Verfassung zu, die zu den fortschrittlichsten der damaligen Zeit gehört und für die weitere Demokratisierung in anderen Kantonen und im Bund als Vorbild dient. Sie ist das Resultat der demokratischen Bewegung im Kanton Zürich und enthält wesent-

50 Andreas Suter, Nationalstaat und die «Tradition von Erfindung», Vergleichende Überlegungen, in: Geschichte und Gesellschaft, 25. Jhrg., Heft 3 (1999), S. 480–503).

51 Vgl. Christoph Guggenbühl, Biedermänner und Musterbürger im «Mutterland der Weltfreyheit». Konzepte der Nation in der Helvetischen Republik, in: Urs Altermatt, Catherine Bosshart-Pfluger, Albert Tanner (Hg.), Die Konstruktion einer Nation. Nation und Nationalisierung der Schweiz. 18–20. Jahrhundert, Zürich 1998 (Die Schweiz 1798–1898: Staat – Gesellschaft – Politik), S. 33–47, bes. S. 37 ff.

52 Christoph Guggenbühl, Die Schweiz um 1800, in: Peter Brandt, Martin Kirsch, Arthur Schlegelmilch (Hg.), Handbuch der europäischen Verfassungsgeschichte im 19. Jahrhundert. Institutionen und Rechtspraxis im gesellschaftlichen Wandel, Bd.1: um 1800, Bonn 2006, S. 473–454, bes. S. 488 f.

liche Errungenschaften in Hinblick auf den Ausbau der direkten Demokratie wie die Gesetzesinitiative, das obligatorische Finanz- und Gesetzesreferendum, sowie die Volkswahl der Regierungs- und Ständeräte. Im Vorfeld der Verfassungsrevision hat eine vom Verfassungsrat eingesetzte Kommission das Volk aufgefordert, Wünsche hinsichtlich der Ausgestaltung der neuen Verfassung einzureichen. Bemerkenswert ist eine Eingabe «mehrere[r] Frauen aus dem Volke» vom 25. Mai 1868: «Man hat seit Beginn der Verfassungsrevision eine allseitige Erweiterung der Volksrechte verkündet u. dabei allenthalben alles Mögliche und Unmögliche versprochen, nur die armen Frauen scheinen gleich den Poeten bei der Theilung der Erde [Anspielung auf Friedrich Schillers Gedicht «Die Teilung der Erde», 1795 R.G.] mit leeren Händen davon gehen müssen. Niemand spricht von ihnen u. Niemand gedenkt ihrer verkümmerten und unterdrückten Menschenrechte. Soll die Losung des Zürcher Volkes ‹Freiheit, Bildung, Wohlstand› zur That und Wahrheit werden, so müsste Jungfrauen und Frauen vom 20ten Lebensjahr an ein voller Antheil an allen bürgerlichen Rechten gewähret sein. Was wir nur aus diesem Grunde erbitten, was wir verlangen, das heisst Wahlberechtigung u. Wahlfähigkeit für das weibliche Geschlecht in allen sozialen und politischen Angelegenheiten und Beziehungen. Kann sich, wie leider zu fürchten steht, der hohe Verfassungsrath nicht auf diesen, eines wahrhaft freien Mannes allein würdigen Standpunkt erheben, so ersuchen wie die grossen Männer der Schöpfung um etwas mehr Bescheidenheit in ihren privaten und öffentlichen Freiheitsmanifestationen.»[53] Eine ähnliche Wortmeldung von weiblicher Seite erfolgt 1872, im Zusammenhang mit der Debatte um die

53 Bei der Kanzlei des Verfassungsrathes eingegangene Vorschläge betreffend die Verfassungsrevision, Nr. 99, Staatsarchiv Zürich, Signatur BX 188.3, Fasc. c; zu den Eingaben der Frauen vgl. Elisabeth Joris, Heidi Witzig (Hg.), Frauengeschicht(en). Dokumente aus zwei Jahrhunderten zur Situation der Frauen in der Schweiz, Zürich 1986, S. 443 und 484 f.

Totalrevision der Bundesverfassung. Diese bringt 1874 das fakultative Gesetzesreferendum auf Bundesebene und ist deshalb als wichtiger Meilenstein im Hinblick auf den Ausbau der Volksrechte zu betrachten. In ihrer Schrift «Zur Frauenfrage in der Schweiz» macht Julie von May von Rued auf eine «Anomalie» hinsichtlich der Fremd- und Selbsteinschätzung des Landes aus der Frauenperspektive aufmerksam, nämlich dass «die Wiege, die Pflegemutter, ja das Vorbild aller europäischen Freiheit und Gleichheit, die Schweiz, zur Stunde noch in vielen, und zwar gerade in ihren urdemokratischen Landestheilen vornehmlich, ihre Töchter enteigneter und geknechteter [hält] als keine der sie umringenden Monarchien; das mündigste Volk Europa's betrachtet und behandelt seinen weiblichen Bestandteil, wenn nicht völlig konsequent im Leben, doch vor dem Gesetz und in der Sitte, als das unmündigste Kind.»[54] Historikerinnen haben nach Gründen für dieses Paradoxon gesucht. Gisela Bock schreibt in ihrer Überblicksdarstellung «Frauen in der europäischen Geschichte»: «In Frankreich und in der Schweiz hingegen war es nicht die Diktatur, die das Frauenwahlrecht blockierte oder irrelevant machte, sondern die Republik.»[55] Die Autorin beobachtet eine Gemeinsamkeit zwischen den beiden Ländern: Sie waren Pioniere hinsichtlich des Ausbaus des Männerwahlrechts und Nachzügler hinsichtlich der Realisierung des Frauenwahlrechts. Verantwortlich sei der in beiden Ländern verankerte Republikanismus, der dafür gesorgt hätte, dass die wahlrechtsspezifischen Klassenschranken durch die Einführung des allgemeinen gleichen Männerwahlrechts schon früh beseitigt

54 von May, von Rued Julie, Die Frauenfrage in der Schweiz. Zur Bundesrevision am 12. Mai 1872, Biel 1872, S. 5., vgl. auch Caroline Arni, Nichts versprochen, alles erkämpft, in: Denise Schmid (Hg.), Jeder Frau ihre Stimme. 50 Jahre Frauengeschichte 1971–2021, Zürich 2020, S.12–20, bes. S. 14.

55 Gisela Bock, Frauen in der europäischen Geschichte. Vom Mittelalter bis zur Gegenwart, München 2005, S. 213.

worden seien. Deshalb hätten sich keine gruppenspezifischen Allianzen zwecks Erweiterung des Wahlrechts gebildet. Die Männer seien bei dieser Forderung nicht auf weibliche Unterstützung angewiesen gewesen.[56] Im Gegenteil: Weil Wahlrechtserweiterungen in der Schweiz dem Referendum unterlagen, wurden diese von den männlichen Bürgern lange mit grosser Mehrheit abgelehnt. Von den bis 1971 durchgeführten 63 kantonalen Abstimmungen endeten 55 mit einem negativen Ergebnis für die Frauen. 1959 und 1960 stimmten die Westschweizer Kantone Waadt, Genf und Neuchâtel für das Frauenstimmrecht. Erst 1970 folgten mit Baselstadt und Basel Landschaft die ersten Deutschschweizer Kantone.

56 Ebd. S. 214 f.

4 Etappen der Demokratiegeschichtsschreibung im Kontext von Fremd- und Selbstwahrnehmung

4.1 Die Wissenschaftliche Auseinandersetzung mit der Entstehung der «Volksgesetzgebung»

Mit der Verankerung der Volksrechte in vielen Kantonsverfassungen und der Einführung des fakultativen Gesetzesreferendums auf Bundesebene in Zusammenhang mit der Verfassungsrevision von 1874 setzt die wissenschaftliche Beschäftigung mit der Geschichte der «direkten Demokratie» ein. Pioniere sind der Journalist Theodor Curti und der aus Hessen stammende Berner Staatsrechtsprofessor Gustav Vogt. Beide engagierten sich in der demokratischen Bewegung der 1860er-Jahre. Eine erste bemerkenswerte Synthese ist die 1882 erschienene Studie von Theodor Curti mit dem Titel «Geschichte der schweizerischen Volksgesetzgebung». Sie will aufzeigen, «dass die moderne schweizerische Demokratie, wie sich dieselbe in der direkten Gesetzgebung oder Volksgesetzgebung verdeutlicht, nur das gelöste Problem einer, den veränderten Bedingungen der Zeit gemässen Uebersetzung der alten Demokratien auf grössere Territorien sowie die Höherentwicklung der demokratischen Idee ist und also die neuen Formen der Demokratie nicht aus jeweiliger Verirrung der Volksseele entsprungen sein kann, sondern durch die Jahrhunderte beharrlich wirkenden Gesetze der Geschichte sich gestaltet habe.»[57] Durch eine Kombination von «schweizerischer Verfassungsgeschichte im Allgemeinen und [...] der Geschichte der politischen Ideen»[58], soll dieses Programm eingelöst wer-

57 Theodor Curti, Geschichte der Volksgesetzgebung (Zugleich eine Geschichte der schweizerischen -Demokratie), Bern 1882, Vorwort, S. III.

58 Ebd. S. II.

den. Curti beginnt mit der Darstellung verschiedener Varianten von Landsgemeinden, befasst sich dann mit einzelnen Aufständen, denen er systemtranszendierenden Charakter zuschreibt (Genfer Unruhen, Henzi Verschwörung, Chenaux Handel) und fokussiert dann auf die ideengeschichtliche und allgemeine politische Entwicklung (Rousseau, Volkssouveränität im Kontext der Französischen Revolution). Anschliessend wendet er sich wieder der nationalen Ebene zu (Helvetik und Regeneration). Besonders relevant sind seine Ausführungen zu den kantonalen Entwicklungen in St. Gallen (erstes Veto) und der Waadt (erstes Referendum). Ein weiteres Kapitel ist der Bundesverfassung von 1848 gewidmet. Nach einem Exkurs zu den frühsozialistischen Demokratietheoretikern Moritz Rittinghausen und Viktor Considerant erfährt die demokratische Bewegung im Zürich der 1860er-Jahre eine ausführliche Würdigung. Auffällig an Curtis Zugangsweise sind folgende Merkmale: Nicht soziale und politische Kämpfe sind für die Realisierung der Volksrechte verantwortlich, sondern «durch die Jahrhunderte beharrlich wirkende Gesetze.»[59] Die Volksrechte werden als Resultat einer organischen Entwicklung gesehen, die zwangsläufig zum Ziel führt.[60] Obwohl er von «Verirrungen der Volksseele» spricht und damit die negative Charakterisierung der Vetobewegungen aus liberaler Sicht meint, geraten diese politischen Widersprüche wieder aus dem Blickfeld. Die teleologische Sichtweise, lässt die Akteur:innen der einzelnen Bewegungen hinter einem mythisch überhöhten Volksbegriff verschwinden. Auch die Vetobewegungen in den katholischen Kantonen und der Beitrag der katholischen Bevölkerung in den gemischtkonfessionellen Gebieten zum Ausbau der Volksrechte rücken nicht ins Blickfeld. Dies ebnet einer liberalen Meistererzählung den Weg. In den Überblicksdarstel-

59 Ebd. S. III.
60 Schaffner, Die demokratische Bewegung, S. 10 f.

lungen zur Schweizergeschichte, die im frühen 20. Jahrhundert erschienen sind, wird die Realisierung der Volksrechte in eine Entwicklungslinie eingebettet, an der nur Liberale, Radikale und Demokraten beteiligt sind. Im Gegensatz dazu enthalten Curtis Werke noch Hinweise, die dieses Narrativ als problematisch erscheinen lassen. In seiner «Geschichte der Schweiz im 19. Jahrhundert» findet sich eine Passage, die auf konservative Wurzeln des Referendums hinweisen: «Demokratische Institutionen im Sinne nicht bloss der Wahlrechte, sondern auch der Volksgesetzgebung hatte es fast nur in den katholischen Kantonen und demokratische Bestrebungen nur in der katholischen Bevölkerung der gemischten Kantone gegeben.»[61] Bemerkenswert ist auch Curtis Einschätzung des liberalen Sieges von 1848 und der Bedeutung der Bundesverfassung für den Demokratisierungsprozess: «Im Jahre 1848 hat der repräsentative Staat einen Sieg erlebt, die Volksrechte sind zu kurz gekommen.» Dies zeigt, dass die Wurzeln für die plebiszitär-direktdemokratischen Elemente nicht bei der durch den bürgerlichen Revolutionszyklus vorgegebenen Datenreihe (1798/1830/1848) gesucht werden müssen, sondern bei einem anderen geschichtlichen Grundstrom, der bis zu den politischen Unruhen im Ancien Régime zurückreicht, in der Helvetik unter neuen Vorzeichen zum Ausdruck kommt und sich 1814, 1832, 1839–41 sowie 1861–1868 in vielfältigen Volksbewegungen manifestiert, die nicht nur parallel, sondern auch quer zum bürgerlichen Revolutionszyklus verlaufen.[62]

61 Curti, Geschichte der Schweiz, S. 591, zit. nach Schaffner, Demokratische Bewegung, S. 10.

62 Rolf Graber, Zur Bedeutung der Revolutionen von 1798 (Helvetische Revolution) und 1847/48 (Bundesstaatsgründung) für die Ausgestaltung des politischen Systems der modernen Schweiz, in: Heiner Timmermann (Hg.), 1848 Revolution in Europa. Verlauf, politische Programme, Folgen und Wirkungen (Dokumente und Schriften der Europäischen Akademie Otzenhausen, Bd. 87), Berlin 1999, S. 391–414, bes. S 393 f.

4.2 Die ambivalente Rolle der helvetischen Revolution

Die helvetische Revolution war lange Zeit Stiefkind der schweizerischen Geschichtswissenschaft. Exemplarisch ist etwa die Einschätzung des renommierten Historikers Edgar Bonjour, der die Auswirkungen der Französischen Revolution auf die Schweiz und die Errichtung der Helvetischen Republik folgendermassen analysiert: «Mit der schematischen Durchführung der Gleichheit auf allen Gebieten uniformierte sie das vielstämmige Land und vernichtete seinen gliedstaatlichen Charakter völlig. Schliesslich wurden auch noch die Unabhängigkeit und die Christlichkeit weitgehend aufgegeben. Nie seit ihrem Bestehen hat sich die Eidgenossenschaft so weit von ihrem Ursprungsprinzip entfernt. Für diesen Abfall von der Vergangenheit, der einem Verrat an der schweizerischen Staatsidee gleichkam, büsste die Helvetik mit Kriegselend, materieller Not, staatlicher und kultureller Unfruchtbarkeit. Der bureaukratische Einheitsstaat verschwand nach kurzer Zeit mit den französischen Waffen, die ihn gebracht, und niemand hat seither diesem staatsrechtlichen Experiment nachgeweint.»[63] Diese Einschätzung der Helvetik stammt aus dem Jahr 1939 und muss in den Kontext der geistigen Landesverteidigung gestellt werden. In Zeiten innerer Krisen und äusserer Bedrohung erfährt die Epoche eine besonders negative Wertung. Die Helvetische Republik wird als historischer Sündenfall gesehen, auf den die gerechte politische Strafe folgt. Diese lange in der schweizerischen Geschichtswissenschaft vorherrschende Sichtweise hat verhindert, dass die Bedeutung der atlantischen Revolutionen (amerikanische Unabhängigkeitsbewegung und Französische Revolution) für die Demokratieentwicklung in der Schweiz

63 Edgar Bonjour, Werden und Wesen der schweizerischen Demokratie, in: Die Schweiz und Europa. Ausgewählte Reden und Aufsätze von Edgar Bonjour, Bd. 2, Basel 1961, S. 325.

angemessen thematisiert wurde. Trotz den erwähnten negativen Merkmalen brachte die unter französischem Druck entstandene Helvetische Republik eine demokratische Verfassung, persönliche Freiheit für die ehemaligen Untertanen und eine repräsentative Demokratie. Allerdings führte der zentralistische Staatsaufbau, die straffe Verwaltung mit ihrem Berufsbeamtentum und das exekutivstaatliche Konzept zu einem Verlust an Mitbestimmungsrechten.[64] Ausserdem rief die Einschränkung der lokalen Selbstverwaltungstradition Widerstände hervor. Sowohl im politischen Frühling 1798 als auch in der Endphase der Helvetischen Republik forderten die Bewohner der ehemaligen Untertanengebiete in der Ostschweiz, die durch die Helvetische Revolution die Freiheit erhalten hatten, mehr politische Mitbestimmung und beriefen sich auf das Landsgemeindemodell.[65] So schrieb etwa Karl Heinrich Gschwend, der neu gewählte Landammann des unteren Rheintals, in einem Brief an Peter Ochs, den geistigen Urheber der neuen Verfassung: «Die democratischen Cantone (Landsgemeinden R. G.) sind seit Jahrhunderten gewohnt, alle Staatsämter unter freiem Himmel mit freier Hand zu vergeben, und die[se] Weise und Art der Regierung haben die neue[n] freigelassen[en] Cantone Toggenburg, St. Gallen, alte Landschaft Rheinthal, Sargans etc, auch schon adoptiert und Landammann und Rat gewählt. Dieser Landammann und Rath, den das Volk alle Jahre bestätet oder absetzet, je nachdem es mit ihnen unzufrieden ist, ist schon eine repräsentative Republik des Volkes.»[66] Gschwend

64 Alfred Kölz, Neuere schweizerische Verfassungsgeschichte. Ihre Grundlagen vom Ende der Alten Eidgenossenschaft bis 1848, Bern 1992, S. 61.

65 Zur Popularität des Landsgemeindemodells vgl. Graber, Demokratie und Revolten, S. 42 f.

66 Karl Heinrich Gschwend, Landespräsident im obern Rheinthal, an Peter Ochs, 1798, Aktensammlung aus der Zeit der Helvetischen Republik (1798–1803), bearb. von Johannes Strickler, Bd. 1, Bern 1886, S. 530–532, bes. S. 530; zum Kontext vgl. Rolf Graber, Zur Einführung der Verfassung der Helvetischen Republik, Republikanismus der Eliten – Republikanis-

konfrontiert die repräsentative Demokratie der neu entstandenen Republik mit dem versammlungsdemokratischen Modell und beruft sich dabei auf die Landsgemeinden. Die Bedeutung der Helvetischen Revolution für die Demokratieentwicklung in der Schweiz ist demnach ambivalent. Einerseits brachte sie den ehemaligen Untertanen Freiheit und Rechtsgleichheit, andrerseits rief die neue helvetische Verfassung Widerstände hervor, die durch ihre Forderung nach mehr Partizipation der Bevölkerung die Entwicklung von der repräsentativen, zur halbdirekten Demokratie beförderten. Deshalb waren die Widerstände gegen diese Verfassung nicht einfach modernisierungsfeindlich, sondern sie zeigten in verschiedenen Bereichen Alternativen zum vorgeschlagenen Modernisierungspfad auf, indem sie dessen Defizite thematisierten und als Korrektiv wirkten.[67] So brachte die von den Volksbewegungen favorisierte «reine Demokratie» mehr Mitbestimmung für die breite Bevölkerung wie das von den Eliten bevorzugte repräsentativstaatliche Modell.

---

mus des Volkes, in: Helmut Reinalter (Hg.), Republikbegriff und Republiken seit dem 18. Jahrhundert im europäischen Vergleich. Internationales Symposium zum österreichischen Millennium (Schriftenreihe der Internationalen Forschungsstelle Demokratische Bewegungen in Mitteleuropa 1770–1850, Bd. 28), Frankfurt a. M. 1999, S. 101–119; für frühe Hinweise auf die Popularität des Landsgemeindemodells als Alternative zur helvetischen Einheitsrepublik vgl. auch Oliver Zimmer, A Contested Nation, History, Memory and Nationalism in Switzerland, 1761–1891, Cambridge 2003, S. 110–118; Holger Böning, Revolution in der Schweiz. Das Ende der Alten Eidgenossenschaft. Die Helvetische Republik 1798–1803, Frankfurt a. M, 1985, S. 113.

67 Zu diesem Aspekt vgl. Rolf Graber, Die Protestbewegungen zur Zeit der Helvetik und das Projekt der Moderne. Zur ambivalenten Bedeutung der Helvetik für die Entstehung der modernen Schweiz, in: Helmut Reinalter (Hg.), Die Französische Revolution und das Projekt der Moderne (Vergleichende Gesellschaftsgeschichte und politische Ideengeschichte der Neuzeit, Bd. 14), Wien 2002, S. 73–88.

4.3 Kontinuität oder Bruch

Die Kontroverse um die Bedeutung der Französischen Revolution für die Demokratieentwicklung in der Schweiz hat auch dazu geführt, dass zwei konkurrierende Interpretationsansätze entstanden sind. Der Historiker Peter Blickle vertritt die These, dass im Spätmittelalter, im Gegensatz zur ständisch-feudalen Ordnung, ein alternatives gesellschaftliches Organisationsprinzip entstanden sei, das er als Kommunalismus bezeichnet. Die Gemeinden hätten sich weitgehend dem herrschaftlichen Einfluss entziehen und ihren Alltag selbst regeln können.[68] Blickle zieht eine Linie, die von dieser gemeindlich-genossenschaftlichen Autonomiekultur des Spätmittelalters und der Frühneuzeit bis zu den direktdemokratischen Bewegungen des frühen 19. Jahrhunderts reicht. Einen ähnlichen Ansatz verfolgte schon Adolf Gasser in seiner während der Zeit des zweiten Weltkrieges erschienenen Studie «Gemeindefreiheit zur Rettung Europas»[69]. Der missionarische Eifer kommt schon im Vorwort zum Ausdruck, wenn er betont: «Eine umfassende kommunale Ermessensfreiheit ist die unentbehrliche Voraussetzung für jede politische, soziale, und moralische Gesundung Europas.» Seine Ausführungen müssen im Kontext der geistigen Landesverteidigung gelesen werden. Ein föderalistischer Staatsaufbau und die Orientierung am «Modell Schweiz», sollen zukünftige kriegerische Auseinandersetzungen

68 Peter Blickle, Der Kommunalismus als Gestaltungsprinzip zwischen Mittelalter und Moderne, in: Nicolai Bernard, Quirinus Reichen (Hg.), Gesellschaft und Gesellschaften, Festschrift zum 65. Geburtstag von Ulrich Im Hof, Bern 1982, S. 95–113; ders., Kommunalismus. Begriffsbildung in heuristischer Absicht, in: Ders. (Hg.). Landgemeinde und Stadtgemeinde in Mitteleuropa. Ein struktureller Vergleich (Historische Zeitschrift, Beiheft 13, Neue Folge, 1991), S. 5–38; und die Überblicksdarstellung, Peter Blickle, Kommunalismus. Skizzen einer gesellschaftlichen Organisationsform, 2 Bde., München 2000.

69 Adolf Gasser, Gemeindefreiheit zur Rettung Europas. Grundlinien einer ethischen Geschichtsauffassung, Basel 1943.

und autoritäre Regime verhindern. Die Gemeinde wird als Baustein eines demokratischen Europas gesehen. Der Kontinuitätsthese, wie sie Blickle und Gasser vertreten, steht die «Bruchthese» des Staatsrechtlers Alfred Kölz gegenüber. Er betont die grundlegende Bedeutung der Französischen Revolution.[70] Deren Einfluss sieht er nicht nur in der Implementierung eines neuen, naturrechtlich fundierten Freiheitsbegriffs, sondern auch in der Orientierung an projektierten, aber nicht realisierten Verfassungen der sansculottisch geprägten radikalen Phase von 1792 bis 1794. So hätten Bestimmungen der Montagnardverfassung als Vorbild für die Verankerung des Gesetzesvetos in den Regenerationsverfassungen gedient. Die vormoderne Autonomiekultur verantwortete lediglich günstige Rezeptionsvoraussetzungen.[71]

---

70 Alfred Kölz, Zur Bedeutung der Französischen Revolution, in: Andreas Auer (Hg,), Les origines de la démocratie directe en Suisse, Die Ursprünge der schweizerischen direkten Demokratie, Basel, Frankfurt a. M. 1996, S. 105–118.

71 Alfred Kölz, Neuere schweizerische Verfassungsgeschichte. Ihre Grundlinien vom Ende der alten Eidgenossenschaft bis 1848, Bern 1992, S. 627 und 629.

4.4 Neue Demokratiegeschichte: Kontinuität und Bruch

Die Geschichte der direkten Demokratie ist in jüngerer Zeit auf grosses Interesse gestossen.[72] Es sind sowohl Übersichtsdarstellungen[73] wie auch kantonale Fallstudien[74] entstanden, die durch

72 Vgl. folgende Forschungsberichte: Rolf Graber, «Kämpfe um Anerkennung». Bemerkungen zur neueren Demokratieforschung in der Schweiz, in: Ders. (Hg,), Demokratisierungsprozesse in der Schweiz im späten 18. und 19. Jahrhundert (Schriftenreihe der Internationalen Forschungsstelle «Demokratische Bewegungen in Mitteleuropa 1750–1850», Bd. 40), Frankfurt a. M. 2008, S. 9–20; René Roca, Schweizerische Geschichtswissenschaft und Demokratieforschung. – Vom Mythos über die Ignoranz zum historischen Untersuchungsgegenstand, in: Ders., Andreas Auer (Hg,), Wege zur direkten Demokratie in den schweizerischen Kantonen (Schriften zur Demokratieforschung, 3), Zürich, 2011, S, 3–10.

73 Rolf Graber, Demokratie und Revolten. Die Entstehung der direkten Demokratie in der Schweiz, Zürich 2017; Rolf Graber, Einleitung, in: Ders., Wege zur direkten Demokratie in der Schweiz, Eine kommentierte Quellenauswahl von der Frühneuzeit bis 1874, Wien, Köln, Weimar 2013, S.13–63; Olivier Meuwly, Une histoire politique de la démocratie directe en Suisse (Collection Focus, 23), Neuchâtel 2018; Josef Lang, Demokratie in der Schweiz, Geschichte und Gegenwart, Baden 2020; Martin Schaffner, Direkte Demokratie «Alles für das Volk – alles durch das Volk», in: Manfred Hettling u. a. (Hg,), Eine kleine Geschichte der Schweiz. Der Bundesstaat und seine Traditionen (Edition Suhrkamp, 2079), Frankfurt a. M. 1998, S.189–226; Martin Schaffner «Direkte» oder «indirekte» Demokratie. Konflikte und Auseinandersetzungen 1830–1848, in: Andreas Ernst, Albert Tanner, Matthias Weishaupt, Revolution und Innovation. Die konfliktreiche Entstehung des schweizerischen Bundesstaates von1848, Zürich 1998, S. 271–277; Andreas Suter, Direkte Demokratie. – historische Reflexionen zur aktuellen Debatte, in: Benjamin Adler, Die Entstehung der direkten Demokratie. Das Beispiel der Landsgemeinde Schwyz 1789–1866, Zürich 2006, S. 219–278; Andreas Suter, Die Genese der direkten Demokratie: Aktuelle Debatten und wissenschaftliche Ergebnisse (Teil 1), in: Schweizerische Zeitschrift für Geschichte, Vol. 62, Nr. 3 (2012), S. 436-437; (Teil 2), in: Schweizerische Zeitschrift für Geschichte, Vol. 63, Nr. 1 (2013), S. 104-116.

74 Folgende Arbeiten zu einzelnen Kantonen sind aus einem von Prof. Dr. Andreas Suter und Prof. Dr. Martin Schaffner lancierten Nationalfondsprojekt hervorgegangen; Adler, Die Entstehung der direkten Demokratie. Das Beispiel der Landsgemeinde Schwyz; Marco Arni, Die katholische Opposition im aargauischen Verfassungsstreit, Lizentiatsarbeit Universität Zürich 2002 (masch.); Ivo Berther, Il mund sutsura – Die

die Dekonstruktion gängiger Narrative neue Perspektiven eröffnen. Die starre Kontrastierung von Kontinuitäts- und Bruchthese wird aufgebrochen und differenziert. Kontinuität besteht in der Forderung nach versammlungsdemokratischen Verfahren, ein Bruch hinsichtlich des Freiheitsverständnisses. Ein naturrechtlich fundierter Freiheitsbegriff wird als Grundvoraussetzung für die Demokratiebewegungen des 19. Jahrhunderts gesehen. Das führt zu folgenden Erkenntnissen:

a) Die nationalkonservative Deutung der Entstehung der halbdirekten Demokratie als eine organische Entwicklung, die zwangsläufig von den vormodernen Landsgemeinden zur modernen Referendumsdemokratie geführt hat, lässt sich nicht aufrechterhalten.

b) Ebenfalls hinterfragt werden muss die liberale Meistererzählung, die eine chronologische Kontinuitätslinie konstruiert, die von den Liberalen, über die Radikalen zu den Demokraten reicht. Die Volksrechte mussten gegen den Widerstand der liberalen, mitunter auch der konservativen Eliten erkämpft werden. Diese Dichotomie zwischen Volk und Eliten ist für die Interpretation der Demokratiebewegungen von grosser Bedeutung. Neuere Arbeiten

---

Welt steht Kopf. Alpine Peripherie und Moderne am Beispiel der Landsgemeinde Disentis 1790–1900 (Quellen und Forschungen zur Bündner Geschichte, Bd. 25), Chur 2011; Bruno Wickli, Politische Kultur und die reine Demokratie. Verfassungskämpfe und ländliche Volksbewegungen im Kanton St. Gallen 1814 und 1831/32 (St. Galler Kultur und Geschichte, 35), St. Gallen 2006; ferner folgende Studien: Marc H. Lerner, A Laboratory of Liberty. The Transformation of Political Culture in Republican Switzerland 1790–1848 (Studies in Central European Histories, Vol. LIV), Leiden, Boston 2012; René Roca, Wenn die Volkssouveränität wirklich eine Wahrheit werden soll... Die schweizerische direkte Demokratie in Theorie und Praxis – Das Beispiel des Kantons Luzern (Schriften zur Demokratieforschung, Bd. 6), Zürich 2012; ders, Die Vetodebatte im Kanton Luzern, in: Ders, Andreas Auer (Hg.), Wege zur direkten Demokratie in den schweizerischen Kantonen, S. 233–245; Barbara Weinmann, Eine andere Bürgergesellschaft. Klassischer Republikanismus im Kanton Zürich im späten 18. und 19. Jahrhundert (Kritische Studien zur Geschichtswissenschaft, Bd. 153), Göttingen 2002.

haben aber immer wieder vor einer Hypostasierung des Volksbegriffs gewarnt. Das Volk ist keine homogene Grösse, sondern besteht aus mündigen, mit Handlungskompetenz ausgestatteten Akteuren, die spezifische Interessen verfolgen.[75]

c) Die Durchsetzung der «Volksrechte» ist deshalb das Resultat eines konfliktiven Prozesses. Träger der Demokratiebewegungen im 19. Jahrhundert war die ländliche Bevölkerung. In den gemischt-konfessionellen Kantonen der Ostschweiz trug vor allem der katholische Bevölkerungsteil die Demokratiebewegung. In den Kantonen der Westschweiz, wie in der Waadt, war hingegen eine andere Konfliktkonstellation von Bedeutung: Der Gegensatz von Liberalen und Radikalen. Diese Entwicklungsdynamik führte zur frühen Verankerung des Gesetzesreferendums und der Volksinitiative in der Waadt.

d) Die Akteure der Demokratiebewegungen konnten auf eine bis in die Frühneuzeit reichende Protest- und Widerstandskultur zurückgreifen.[76] Weil in den eidgenössischen Orten Ansätze zu einem absolutistischen Staatsausbau mit dem Bauernkrieg von 1653 gestoppt wurden, fehlten die finanziellen Ressourcen zum Aufbau eines stehenden Heeres.[77] Im Gegensatz zu den ausländi-

75 Zur Polysemie des Volksbegriffs vgl. Martin Schaffner, Furcht vor dem Volk?, in: Werkstatt Geschichte 49 (2008), S. 33–49; wichtige Überlegungen zu diesen Themenkomplex finden sich in der Neuausgabe von älteren grundlegenden Aufsätzen des Autors: Martin Schaffner, Furcht vor dem Volk, Basel 2020.

76 Zu den Protestbewegungen vgl. folgende Überblicksdarstellungen Pierre Felder, Ansätze zu einer Typologie der politischen Unruhen im schweizerischen Ancien régime 1712–1789, in: Schweizerische Zeitschrift für Geschichte, Vol. 26, Nr. 4 (1976), S.324–389; Hans Conrad Peyer, Verfassungsgeschichte der alten Schweiz, Zürich 1978, S. 134–139; sowie die tabellarische Zusammenstellung, S.139–141; Rudolf Braun, Das ausgehende Ancien Régime in der Schweiz. Aufriss einer Sozial- und Wirtschaftsgeschichte des 18. Jahrhunderts, Göttingen und Zürich 1984, S. 256–313.

77 Andreas Suter, Der schweizerische Bauernkrieg von 1653. Politische Sozialgeschichte. Sozialgeschichte eines politischen Ereignisses (Frühneuzeit Forschungen, Bd. 3), Tübingen 1997, S. 580.

schen Fürstenhöfen verfügten die eidgenössischen Obrigkeiten über ein geringeres Repressionspotential. Für die Niederschlagung der Aufstände waren diese auf die «Hausvätermilizen» und die Loyalität eines Teils der Landbevölkerung angewiesen.

e) In den Aufständen profilierten sich besonders die Verlierer und Verliererinnen der von den Liberalen vorangetriebenen wirtschaftlichen Modernisierung. Diese plebejischen Elemente verliehen der Bewegung eine rebellische Dynamik, indem sie partizipatorische und materielle Forderungen verbanden.[78]

f) Für die Partizipationsforderungen war die Landsgemeinde das wichtigste politische Referenzmodell. Verantwortlich dafür war einerseits die im kollektiven Gedächtnis präsente Erinnerung an die Landsgemeindekonflikte im 18. Jahrhundert. Eine populare Opposition gegen die Oligarchen forderte die Revitalisierung der Landsgemeinde.[79] Andrerseits schuf die durch den schwachen Staatsausbau bedingte kommunalistisch-genossenschaftliche Autonomiekultur günstige Rezeptionsvoraussetzungen für dieses Modell. In der Zeit der Helvetik wurde das Modell zusätzlich mit utopischen und naturrechtlichen Vorstellungen angereichert.

g) Es führt keine direkte Linie von den Vetobewegungen der 1830er- und 1840er-Jahre zur demokratischen Bewegung der

78 Vgl. Rolf Graber, «Der verruchte, alles ekelhaftmachende Sansculottismus.» Plebejische Protestbewegungen als Wegbereiter einer Fundamentaldemokratisierung, in: Roca, Auer (Hg.), Wege zur direkten Demokratie in den schweizerischen Kantonen, S. 247–263; ders. «Ächte Sinnbilder von Berg-Wilden oder eigentliche Schweizer Sansculottes». Protestbewegungen in napoleonischer Zeit als Wegbereiter einer anderen Moderne, in: Geschichte und Region – Storia e regione, Jg. 16 (2007), Heft 2: 1809 europäisch, S 14–32.

79 Fabian Brändle, Nicht «Degeneration» sondern Revitalisierung. Die Landsgemeindekonflikte des 18. Jahrhunderts und das Werden der modernen Schweiz, in: Zeitschrift für historische Forschung, Vol. 40 (2013), Nr. 4, S. 593–621; Ders., Demokratie und Charisma. Fünf Landsgemeindekonflikte im 18. Jahrhundert, Zürich 2005.

1860er-Jahre. Neben den autochthonen Entwicklungen waren aussenpolitische Anstösse wichtig. Anführer wie etwa Karl Bürkli waren von frühsozialistischen Ideen beeinflusst.[80]

h) Im Unterschied zur älteren Forschung betonen neuere Studien vermehrt auch die Defizite der schweizerischen Demokratieentwicklung wie die späte Einführung des Frauenstimm- und Wahlrechts, den lange andauernden Ausschluss von ethnischen Minderheiten, Armengenössigen und gesellschaftlichen Aussenseitern, die langen Notrechtsphasen und die zögerliche politische Inklusion von Migranten und Migrantinnen, die dazu geführt hat, dass aktuell ein Viertel der steuerpflichtigen Wohnbevölkerung kein Stimm- und Wahlrecht besitzt. Diese Defizite zeigen, dass die direkte Demokratie als vermeintlich fortschrittlichste Variante der Demokratieentwicklung ein unvollendetes Projekt ist.

4.5 Problematisierung national verfasster Volkssouveränität: Das Analysekonzept der Postdemokratie

Um Defizite wie patriarchale oder ethnonationale Ausgrenzungslogiken zu überwinden, war immer Druck von aussen notwendig. Darin zeigen sich die Grenzen der nationalstaatlich verfassten direkten Demokratie. Die Anerkennung dieser Problematik hat dazu geführt, dass sich die schweizerische Geschichtswissenschaft mit dem Konzept der Postdemokratie auseinandergesetzt hat. Der vom französischen Philosophen Jacques Rancière eingeführte und vom britischen Politikwissenschaftler Colin Crouch popularisierte Begriff thematisiert die Ohnmacht national organisierter Volkssouveränität angesichts global agierender interna-

80 Hans-Ulrich Schiedt, Die Welt neu erfinden. Karl Bürkli (1823–1901) und seine politischen Schriften, Zürich 2001, S. 71 f.

tionaler Konzerne und transnational organisierten Formen medialer Manipulation.[81] Laut Crouch verkommt die Demokratie zur Scheindemokratie und die politischen Akteure und Institutionen erleiden einen Legitimitätsverlust. Der Historiker Jakob Tanner hat sich in seiner viel beachteten Abschiedsvorlesung mit dem Analysekonzept der Postdemokratie aus Schweizer Sicht auseinandergesetzt.[82] Er kommt zum Schluss, dass die Schweiz schon immer gleichsam postdemokratisch oder in einiger Hinsicht auch vordemokratisch funktioniert hätte. Die durch nationale Volksentscheide verursachten Blockaden und Defizite seien erst durch internationalen Druck überwunden worden. Der Schweizer Nationalstaat habe auch eine transnationale Geschichte. Zudem könnten aktuelle Problemfelder wie Friedenssicherung, Migrations- und Umweltpolitik oder Banken- und Arbeitsmarktregulierung nur auf transnationaler Ebene gelöst werden. Deshalb plädiert er für eine Überwindung der nationalstaatlichen Beschränkung der Volkssouveränität, allerdings «in komplexerer Form, als es die blosse Fortschreibung der EU nahelege.»[83] Er verweist auf ein an der Universität Zürich entwickeltes Konzept einer «Demoikratie», das versucht, «nationalstaatlich verfasste Demoi in eine europäische Entscheidungsmatrix einzubeziehen und zugleich lokale, urbane und regionale Modelle einer politischen Gestaltung der Gesellschaft zu erproben.»[84]

---

81 Colin Crouch, Postdemokratie, Frankfurt a. M. 2008.

82 Jakob Tanner, Von der Volkssouveränität zur Postdemokratie? Zur transnationalen Geschichte von Nationalstaaten. Abschiedsvorlesung vom 29. Mai 2015, www.denknetz.ch.

83 Ebd.

84 Ebd.

5 Überlegungen und Reflexionen zu einer künftigen Demokratiegeschichte: Offene Fragen, Problemfelder und Forschungsdefizite

Nach der kurzen Charakterisierung neuerer Ansätze in der Demokratiegeschichtsschreibung wird der Fokus auf die Protest- und Widerstandskultur gerichtet, um am Beispiel von diesen Zugängen Analysetools aufzuzeigen sowie offene Fragen und kontroverse Standpunkte zu diskutieren. Besondere Beachtung finden die Akteure und Akteurinnen der vielgestaltigen Protestbewegungen, die Rekonstruktion von symbolischen Formen, kulturellen Deutungsmustern und sozialen Praktiken sowie der Handlungsfähigkeit (agency) und Handlungsspielräume der beteiligten Individuen.

5.1 Unruhen im Acien régime als Wegbereiter der Demokratiebewegungen im 19. Jahrhundert?

Voraussetzung für die Widerstandskultur innerhalb der Demokratiebewegungen im 19 Jahrhundert ist die Tatsache, dass die Schweiz in der Frühneuzeit zu den revoltenreichsten Ländern in Europa gehörte. In den Städte- und Länderorten als auch in den Untertanengebieten kam es immer wieder zu Unruhen oder «Händeln» wie sie von Zeitgenossen bezeichnet wurden.[85] Allerdings führt keine direkte Kontinuitätslinie von diesen Aufständen zu den Demokratiebewegungen des 19. Jahrhunderts. Die von der liberalen Historiographie vorgenommene Stilisierung

85 Allgemein zu dieser Widerstandskultur Andreas Suter, Regionale politische Kulturen von Protest und Widerstand im Spätmittelalter und der Frühen Neuzeit. Die schweizerische Eidgenossenschaft als Beispiel, in: Geschichte und Gesellschaft, 21 (1995), S. 161–194.

der Anführer dieser Aufstände zu Vorkämpfern der modernen Demokratie ist kritisch zu hinterfragen, zumal sie von einem anderen Freiheitsverständnis ausgingen als die Akteure und Akteurinnen der Demokratiebewegungen des 19. Jahrhunderts. Der Beitrag dieser Vorkämpfer liegt weniger in ihren programmatischen Intentionen als in den konkreten Aktionen und deren Wirkungen, die dazu beigetragen haben, der Demokratie den Weg zu ebnen.[86] Von grosser Bedeutung sind ihre Forderungen nach Partizipation, Versammlungsfreiheit und Transparenz.[87] Zudem haben die Unruhen den Ausbau des absolutistischen Staates gehemmt. Wie schon erwähnt, zeigt die bedeutendste Erhebung, der Bauernkrieg von 1653, die Grenzen dieser Bestrebungen auf, zumal den eidgenössischen Obrigkeiten kein stehendes Heer zur Unterdrückung der Unruhen zur Verfügung steht.[88] Das Fehlen dieses Repressionspotentials ist auch im 19. Jahrhundert noch von Bedeutung. Deshalb sind die Landstürme und Prügelzüge effiziente Instrumente zur Durchsetzung der Volksrechte.[89]

86 Andreas Würgler, Vormoderne Revolten und moderne Demokratie? Protestbewegungen im Ancien Régime und liberale Prinzipien im 19. Jahrhundert, in: Roca, Auer (Hg.), Wege zur direkten Demokratie in den schweizerischen Kantonen, S. 107–121, bes. S. 108 f.

87 Ebd. S. 110 f.

88 Andreas Suter, Der schweizerische Bauernkrieg 1653. Ein Forschungsbericht, in: Albert Tanner, Anne-Lise Head-König (Hg.), Die Bauern in der Geschichte der Schweiz (Schweizerische Gesellschaft für Wirtschafts- und Sozialgeschichte, Heft 10), Zürich 1992, S. 69–103, bes. S. 81.

89 Joachim Eibach, Maurice Cottier, Popular protest in Switzerland during the 1830s. Opposing models of political participation and citation of traditional rituals, in: European Review of History – Revue européenne d'histoire 20 (2013), S. 1011–1030.

5.2 Landstürme und Prügelzüge: Rolle der Gewalt?

Die Bedeutung dieses Protestrituals über einen längeren Zeitraum hinweg soll an zwei Zürcher Fallbeispielen aufgezeigt werden: an einem Protestzug zur Zeit der Helvetischen Revolution, am 26. Februar 1798, und an einem vergleichbaren Ereignis am 6. September 1839, das unter dem Begriff «Züriputsch» in die Geschichte eingegangen ist. Obwohl eine Zeitdifferenz von 41 Jahren besteht, präsentiert sich ein ähnliches Erscheinungsbild. Über das während der helvetischen Revolution stattfindende Ereignis berichtet ein Augenzeuge: «Voran zogen ein duzend Tölpel in schmutzigen Lumpen, welche die alte Schweizertracht vorstellen sollten, dann ein Trupp bewaffneter in alten Uniformen, alte und junge durcheinander, hierauf folgte die Generalität ein würdiges Bild zu einem Kalenderholzschnitt und endlich folgten Haufen von Lumpengesindel meistens mit Prügeln bewaffnet, und hinter ihnen her viele Weiber mit Körben und Säcken, um wenn es zur Plünderung kommen sollte, gleich bei der Hand zu sein.»[90] Über den Putschzug von 1839 berichtet ein Zeitgenosse: «Die mit Schiessgewehren bewaffneten zogen meistens mit Pfarrer Hirzel [Anführer des Putschzuges], es mochten etwa 500 sein und mit ihnen etwa 1500 mit Prügeln, Sensen, Hauen, Kärsten, Bickeln, Heugabeln, Heulüchern und Äxten an lange Stangen gebunden usf. Bei vielen sah man noch über dem Rücken einen leeren Sack hängen.»[91] Auffällig sind die Gemeinsamkeiten der beiden Züge. Sie stossen nach Zürich ins Machtzentrum vor. Archaische Waffen wie Prügel und ländliche Arbeitsgeräte dominieren und die

90 Ulrich Hegners Aufzeichnungen aus Winterthurs Revolutionstagen, in Neujahrsblatt der Stadtbibliothek in Winterthur, Nr. 237, 1901, S. 17.

91 Johann Jakob Leuthy, Geschichte des Cantons Zürich 1831–1840. Aus den Quellen untersucht und nach höchst wichtigen Mittheilungen von noch lebenden Zeitgenossen und Augenzeugen dargestellt, Zürich 1845, S.776 f.

mitgeführten leeren Säcke deuten auf Plünderungsabsichten hin. Die Teilnehmer und Teilnehmerinnen stammen aus den Heimindustriegebieten des Zürcher Oberlandes. In beiden Fällen richtet sich der Aufstand gegen die jeweils herrschenden Eliten. 1798 wird die Eidesleistung gegenüber der neuen provisorischen Regierung verweigert, weil diese zu kompromissbereit gegenüber den aristokratischen Kräften ist und die Mitbestimmungsoptionen der breiten Bevölkerung zu wenig ernst nimmt. 1839 führt das selbstherrliche Vorgehen der liberalen Regierung, besonders deren antiklerikale Haltung, zum Widerstand. Auslöser ist die Berufung des Tübinger Theologen David Friedrich Strauss zum Professor für Dogmatik und Kirchengeschichte an die Universität Zürich. Damit soll zugleich eine Kirchen- und Schulreform eingeleitet werden. Die ländlichen Mittel- und Unterschichten, mehrheitlich aus den Heimindustriegebieten des Zürcher Oberlandes, empfinden diese Reformen und die bibelkritische Theologie als Bedrohung, denn sie befürchten den Verlust handlungsleitender Wert und Verhaltensmuster, die ihnen in ihrem harten Dasein Sinngebung und Trost vermitteln.[92] Eine dichte Beschreibung der beiden Ereignisse lässt zwei Ebenen erkennen.[93] Auf der Ebene der instrumentellen Handlungen geht es um die Durchsetzung konkreter politischer Forderungen. 1798 steht die Modifikation der Eidesformel und die Kritik an der moderaten Haltung der provisorischen Regierung im Zentrum. 1839 geht es um Rückgängig-

92 Fritzsche, Lemmenmeier, Die revolutionäre Umgestaltung, S. 139,

93 Der Ausdruck «dichte Beschreibung» wird hier im Sinn der von Clifford Geertz vorgestellten methodischen Vorgehensweise der ethnographischen Beschreibung verwendet. Geertz nennt vier wichtige Merkmale der ethnographischen Beschreibung: Sie ist deutend. Sie deutet den Ablauf eines sozialen Diskurses. Die Interpretation zielt darauf ab, das «Gesagte» eines solchen Diskurses dem vergänglichen Augenblick zu entreissen. Die Perspektive ist mikroskopisch. Vgl. Clifford Geertz, Dichte Beschreibung, Beiträge zum Verständnis kultureller Systeme übersetzt von Brigitte Luchesi und Rolf Lindenmann, (Suhrkamp Taschenbuch Wissenschaft, 696), Frankfurt a. M. 1999 (6), S 30.

machung der umstrittenen Berufung des Theologen Strauss und um Verhinderung der Schul- und Kirchenreform. Auf der symbolischen Ebene erhalten die Protestaktionen noch einen tieferen Sinn. Die mitgeführten leeren Säcke deuten auf Umverteilungsambitionen und soziale Ansprüche der verarmten Heimarbeiter und Heimarbeiterinnen aus dem Zürcher Oberland hin.[94] Die Verhaltensdispositionen verweisen auf den vom englischen Sozialhistoriker Edward P. Thompson herausgearbeiteten Zusammenhang zwischen Massenarmut und Existenzrecht, der an der Schwelle des Übergangs von der moralischen zur politischen Ökonomie zentrale Bedeutung gewinnt. Die in der Subsistenzwirtschaft und im Paternalismus materiell begründeten Traditionen verwandeln sich durch permanente Aufstandsdrohung und revolutionäre Einforderung des Existenzrechts in ein Kampfmittel der Armen.[95] Zugleich enthalten die Protestaktionen ein partizipatorisches Forderungspotential.[96]1798 wird dies anhand einer Äusserung eines Landdeputierten deutlich. «Grafschafts-Fürsprech» Homberger erklärt der versammelten Menge: «Ihr seid ja Meister! Das Volk ist der Souverän».[97] Der in Umlauf gebrachte Begriff «Volkssouveränität» soll konkrete Gestalt an-

---

94 Vgl. Edward P. Thompson, Die «moralische Ökonomie» der englischen Unterschichten im 18. Jahrhundert, in: Ders., Plebeische Kultur und moralische Ökonomie. Aufsätze zur englischen -Sozialgeschichte des 18. und 19, Jahrhunderts, Ausgewählt und eingeleitet von Dieter Groh. Übers. von Günter Lottes, Frankfurt a. M. 1980, S. 67–130, bes. S 124 f.

95 Ahlrich Meyer, Massenarmut und Existenzrecht. Geschichte der sozialen Bewegungen 1789–1848, in: Autonomie. Materialien gegen die Fabrikgesellschaft, Neue Folge, Nr. 14 (1985), S. 15–145, bes. S. 86 ff; der Aufsatz ist neu abgedruckt in: Ahlrich Meyer, Die Logik der Revolten. Studien zur Sozialgeschichte 1789–1848, Berlin 1999, S. 99–256.

96 Zur Explikation der materiellen und partizipatorischen Forderungen anhand des Volksaufstandes von 1804 auf der Zürcher Landschaft vgl. Rolf Graber, «Jezt seye es einmal Zeit die Freyheit und Gleichheit zu erfechten und den lezten Blutstropfen für dieselbe sprüzen zu lassen.», in: Schweizerische Zeitschrift für Geschichte, Vol. 54 (2004), S.1–19.

97 Vgl. Rolf Graber, Zeit des Teilens, Volksbewegungen und Volksunruhen auf der Zürcher Landschaft 1794–1804, Zürich 2003, S. 180.

nehmen. Um direkte Mitbestimmung des Volkes geht es auch den Putschisten von 1839, denn sie fordern ein Vetorecht gegen neue Gesetze nach St. Galler Vorbild: «Unser Wunsch [...] geht nun dahin, dass in unserm Kanton das Veto eingeführt, dem zürcherischen Volke das Institut gegeben werde, in Folge dessen es unabhängig und ungehemmt seine freie Stimme für oder gegen Gesetze und Bestimmungen, die für dasselbe entworfen werden, abgeben darf,»[98] heisst es in einer Petition aus dem Zürcher Oberland. Das erwähnte Veto, das 1831 in die Verfassung des Kantons St. Gallen eingebaut wurde, ist ebenfalls dem Druck von unten zu verdanken. Erst als während den Verhandlungen des St. Galler Verfassungsrates eine mit Prügeln bewaffnete Volksmenge vor dem Sitzungssaal erschien, war die liberale Mehrheit, die das Repräsentativsystem favorisierte, bereit, dieses direktdemokratische Instrument in die Verfassung aufzunehmen. Dies verweist auf ein weiteres Merkmal dieser Protestform, die Androhung physischer Gewalt. Die martialischen Auftritte, die mitgeführten Landsturmwaffen dienten der Einschüchterung des Gegners. Dieses Revoltensignal wurde vom politischen Gegner, respektive den herrschenden Eliten, meistens verstanden. Es blieb für gewöhnlich bei der Drohung und die blutige Auseinandersetzung fand nicht statt. Die «Kultur der direkten Konfrontation»[99] trug im Gegensatz sogar dazu bei, nach gewaltfreien Konfliktlösungen zu suchen. Wie das Beispiel von St. Gallen zeigt, wurde dieses Protestritual durch ein Instrument ersetzt, das den Protest gleichsam

98 Petition Nr. 771, 612 Bürger der Gemeinde Fischenthal, 6. August 1842, zitiert nach Schmid, Die Zürcher Vetopetitionen von 1837 bis 1842, S. 143.

99 Vgl. Bruno Wickli, Politische Erfahrungen und der Durchbruch der modernen Demokratie im Kanton St. Gallen (1831), in: Rolf Graber, (Hg,), Demokratisierungsprozesse in der Schweiz im späten 18. und 19. Jahrhundert, (Schriftenreihe der Internationalen Forschungsstelle Demokratische Bewegungen iin Mitteleuropa 1770–1850, Bd. 40), Frankfurt a. M. 2008, S. 35–65, bes. S. 47.

legalisierte und institutionalisierte: Das Volksveto gegen missliebige Gesetze. Wenn allerdings mit Schusswaffen ausgestattete militärische Kräfte eingesetzt wurden, konnte der Konflikt eskalieren. Das zeigt sich beim «Züriputsch»: Das resolute Vorgehen der gut bewaffneten und militärisch geschulten Regierungstruppen gegen die Teilnehmer und Teilnehmerinnen des Prügelzuges fordert 17 meist aus ärmlichen Verhältnissen stammende Opfer.[100] Trotzdem kann der Sturz der liberalen Regierung nicht verhindert werden.[101]

5.3 «Volksmänner», Populisten avant la lettre?

Besondere Beachtung verdienen die Anführer der Demokratiebewegungen, die sogenannten Volksmänner. Das Charismakonzept erweist sich als analytisch besonders ertragreich um die politische Bedeutung dieser Anführer zu charakterisieren, da es die Schnittstelle von Individuum und politischer Kultur aufzeigt.[102] Es handelt sich um auffällige und eigenwillige Persönlichkeiten, die ein feines Sensorium für Befindlichkeiten und Volksstimmungen entwickelten. Dadurch gelingt es ihnen, versteckte Protokolle (hidden transcripts) sichtbar zu machen.[103] Ihre Nähe zum Volk ergibt sich aus

100 Zur Zahlenangabe vgl. Steger W. P., Erinnerungen von Dr. Adolf Steger an den Züriputsch 1839, Toggenburgerblätter für Heimatkunde, Beilage zu ‹Toggenburger Bote› 3. Jhrg., Nr. 2, April/Juni 1940.

101 Zum Ereignisgeschichte des Putschzuges vgl. Karl Dändliker, Geschichte des Kantons Zürich, Bd. 3, Zürich 1912, S. 325–331; zum allgemeinen Kontext vgl. Bruno Fritzsche, Max Lemmenmeier, Die revolutionäre Umgestaltung von Wirtschaft, Gesellschaft und Staat 1780–1870, in: Geschichte des Kantons Zürich, Bd. 3:, 19. und 20. Jahrhundert, Zürich 1994, S. 20–157, bes. S. 137–141.

102 Vgl. die Überlegungen von Fabian Brändle, Demokratie und Charisma, S. 29 f.

103 Zum Konzept vgl. James C. Scott, Domination and the Arts of Resistance. Hidden Transcripts, Yale University Press, New Haven and London 1990.

ihrer Amtstätigkeit oder durch ihren Beruf. Dies soll an drei Beispielen gezeigt werden. Erstens an Johann Baptist Ludwig Gallati, dem Anführer einer Bewegung im Sarganserland, die 1814 eine demokratische Verfassung, später die Trennung vom Kanton St. Gallen und den Anschluss an Graubünden und danach an Glarus anstrebt. Als Sohn eines Schultheissen erhält Gallati eine sorgfältige Erziehung im Zisterzienserkloster Salem und absolviert dann eine kaufmännische Ausbildung in München. In der Zeit der Helvetik bekleidet er als Präsident der Munizipalität Sargans, dann als Distriktskommissär und Distriktsstatthalter in Mels wichtige Ämter.[104] Durch seine Amtstätigkeit lernt er die speziellen Handlungsweisen und Kommunikationsformen der ländlichen politischen Kultur kennen. Infolge seiner Herkunft und Ausbildung gehört er zwar zur Elite, doch als Beamter kennt er auch die Sorgen und Nöte der breiten Bevölkerung. Diese Erfahrungen sind sein strategisches Kapital, das ihn zum Anführer der Demokratiebewegung prädestiniert. Er kann gleichsam als Vermittler zwischen den beiden Kulturen auftreten, indem er die versteckten Protokolle, das heisst die politischen Erfahrungen und Erwartungen der kleinen Leute öffentlich macht. Volksnähe kann jedoch nicht nur durch Amtstätigkeit bedingt sein, sondern auch durch den Beruf. Exemplarisch für diese soziale Gruppe ist etwa der Wirt und Schnapsbrenner Joseph Eichmüller, der in den Debatten über die Einführung des Vetos im St. Galler Verfassungsrat besonders in Erscheinung getreten ist. Eichmüller wird auch «Naglers Sepp» genannt, weil sein Vater mit Eisen und Nägeln handelte. Er absolviert eine Schlosserlehre, eine höhere Schulbildung bleibt ihm versagt. Trotzdem hat er sich als Autodidakt Fertigkeiten im Lesen und Schreiben angeeignet.[105]

104 Zur Biographie Gallatis vgl. Historisches Lexikon der Schweiz (HLS), Bd. 5, Art. Johann Baptist Gallati; Wickli, Politische Kultur und «reine Demokratie», S. 85.

105 Fabian Brändle, Eichmüller, in Rheintaler Jahrbuch 2020; Rolf Graber, Art. Eichmüller Josef, in: Helmut Reinalter, Claus Oberhauser (Hg.), Bio-

Durch den Handel mit Branntwein und seinen Beruf als Wirt verfügt er über ein weitläufiges Kontaktnetz und gehört zu den bestinformierten Leuten im Dorf, zumal die Wirtshäuser schon in der Frühneuzeit wichtige Kommunikationszentren und Umschlagplätze für politische Ideen waren. Diese privilegierte Stellung garantiert dem Wirt grossen Einfluss auf die Lokalpolitik. Die Gemeindeebene ist für Eichmüller der einzige Bezugspunkt. Das unterscheidet ihn von Felix Columban Diogg, einem weiteren Exponenten der St. Galler Demokratiebewegung. Der aus Rapperswil stammende Diogg ist der Sohn eines bekannten Portraitmalers. Grundlage für seine Popularität ist seine militärische Laufbahn. Er ist Offizier in französischen Diensten und Major beim Bundesauszug von 1830. Der Auslandsaufenthalt trägt zur Horizonterweiterung bei. Durch seine Tätigkeit als Kanzleischreiber ist er zudem mit der Lokalpolitik vertraut. Er gehört zu den einflussreichsten und eloquentesten Vertretern der Demokraten im Verfassungsrat.[106] An Beispielen wie Eichmüller und Diogg kann die Frage erörtert werden, ob diese Volksmänner als Vorläufer moderner Populisten gesehen werden können. Lässt sich an ihnen ein Populismus avant la lettre aufzeigen? Einschlägige Studien nennen folgende Merkmale populistischer Politikkonzepte: Gegenüberstellung von Volk und Eliten, verschwörungstheoretische Denunziation der Eliten und ein ausgeprägter Anti-Intellektualismus. Zudem kann der unbedingte Glaube an das gesunde Urteilsvermögen des Volkes als Quelle der Wahrheit zu einer Moralisierung des Diskurses und zu einer Dichotomisierung des Weltbildes führen.[107] Dem politischen

graphisches Lexikon der demokratischen und liberalen Bewegungen in Mitteleuropa 1770 bis 1748/49 (Schriftenreihe der Internationalen Forschungsstelle Demokratische Bewegungen in Mitteleuropa 1770–1850, Bd. 48), Frankfurt a. M. 2015, S. 648.

106 Zur Biographie vgl. Historisches Lexikon der Schweiz, Bd. 3, Art. Felix Diogg.

107 Zur Definition vgl. Karin Priester, Rechter und linker Populismus. Annä-

Gegner wird die Fähigkeit zur Suche nach der Wahrheit abgesprochen. An den Voten der Demokraten im Verfassungsrat lassen sich Äusserungen finden, die diesen Beobachtungen entsprechen und ein starkes Misstrauen gegenüber der liberalen Bildungselite ausdrücken. Den Juristen im Verfassungsrat entgegnet Felix Diogg: «Vom Volke muss man lernen, was Freiheit und Demokratie ist, nicht von deutschen Universitäten.»[108] Noch weiter geht Eichmüller und fordert mehrmals den Abbruch der Diskussion: «Was wir da reden und diskursiren ist Wirrwarr. Die Souveränität muss rein demokratisch sein.»[109] Als sich die Diskussion weiter in die Länge zieht, meint er: «Was brauchen wir da lang zu diskursiren? Wir wollen heim und beim Volk anfragen.»[110] Eine vertiefte Auseinandersetzung um die Vor- und Nachteile der repräsentativen oder direkten Demokratie ist aus seiner Sicht überflüssig, da diese Frage für ihn sowieso schon entschieden ist. Neben diesen plakativen Äusserungen gibt es aber auch differenziertere Stellungnahmen der Anhänger der reinen Demokratie. So bemüht sich Diogg auf die Argumente der Gegner einzugehen und besteht darauf, dass der Grundsatz der Volkssouveränität zuerst verhandelt werden müsse: «Man will hier das Beste des Volkes als solches aufstellen. Es handelt sich aber nicht um das Beste, sondern um das Rechtliche, um das, was ihm gehört. Anders kann der gesunde Menschenverstand nicht urtheilen. Man hat das Volk für mündig erklärt, giebt man ihm durch den Grossen Rat einen Vogt, so ist es nicht mehr mündig.»[111] Martin Schaffner hat die unterschiedliche Argumentationsweise der beiden Anhänger der reinen Demokratie klar herausge-

---

herung an ein Chamäleon, Frankfurt a. M. 2012; Jan Werner Müller, Was ist Populismus, Berlin 2016.

108 Josef Anfon Henne, Verhandlungen des Verfassungsrathes vom Schweizerkanton St, Gallen, St. Gallen 1831, S. 50.

109 Ebd. S. 36.

110 Ebd., S. 38.

111 Ebd., S. 32 und 35. Vgl. auch zu den Debatten: Graber, Wege zur direkten Demokratie in der Schweiz, S. 317–343.

arbeitet. In den Voten Dioggs erkennt er «die Logik eines Demokratiediskurses» und «ein systematisiertes Ensemble von allgemeinen Begriffen und ihre Verknüpfung in abstrakten Formulierungen.»[112] Dieser Einbezug staatstheoretischer Überlegungen verdankt sich auch dem Auslandsaufenthalt und dem Kontakt mit dem französischen Verfassungsdenken. Solche Überlegungen fehlen in den Voten Eichmüllers. Für ihn sind die Erfahrungen, die er im dörflichen Mikrokosmos gemacht hat, wichtig. Die Gemeindegenossen seiner Heimatgemeinde Altstätten sind für ihn das «Volk» und damit die einzige Entscheidungsinstanz. Die Frage, wer zu diesem «Volk» gehört und wer von der Gemeindeversammlung ausgeschlossen ist, wird nicht gestellt. In den Verhandlungen des Verfassungsrates werden aber noch weitere Fragen thematisiert, die die aktuellen Populismusdebatten prägen. So werden etwa die «Volksmänner» von den liberalen Gegnern als «Volksschmeichler» tituliert und ihnen wird unterstellt, nicht das Wohl des Volks, sondern eigene Machtinteressen zu verfolgen. Der Vorwurf der Demagogie ist besonders naheliegend, weil das wichtigste politische Referenzmodell der Demokraten die Landsgemeinde ist. Die Befürworter des Repräsentationsprinzips verweisen deshalb immer wieder auf den tumultuösen und chaotischen Verlauf der Landsgemeinden und charakterisieren die Anführer der popularen Opposition in den Landsgemeindekonflikten als Volksverführer und Demagogen. Als Negativbeispiel führt etwa der liberale Abgeordnete Eugster die Ereignisse im Nachbarkanton Appenzell an: «Das Bild einer reinen Demokratie, mit wenig Wörtern ist die Thatsache, dass Appenzell Innerrhoden 1784 seinen Landammann enthauptete, den es 1829, als wider Recht hingerichtet, wieder in allen Ehren begraben liess. Bekannt ist, welcher Art Leuten der reinen Demokratien Schwyz und Appenzell seit Langem ungestört

112 Vgl. Schaffner, Direkte Demokratie «alles für das Volk – alles durch das Volk», S. 200.

zum Schlupfwinkel dienen.»[113] Adjutant Göldi, ein Vertreter der Demokraten widerspricht ihm heftig und verteidigt die reine Demokratie: «Das Beispiel aus Appenzell ist unrichtig gewählt und auf eine Weise herausgehoben, die dieses Nachbarvolk schänden soll. Nicht die Demokratie hat ihn hingerichtet, den hochseligen Landammann Sutter, sondern die Aristokratie.»[114] Die Beispiele zeigen, dass Elemente der modernen Populismusdiskussion schon in den Debatten der Regenerationszeit präsent sind. Einerseits, indem die Anführer der Demokratiebewegungen in ihrer Rhetorik Argumentationsfiguren des modernen Populismus vorwegnehmen, andrerseits aber bereits die Gefahren dieses Politikstils thematisieren und kritisch reflektieren. Die Diskurse um die «reine Demokratie» und die Voten in den Verfassungsratsdebatten der 30er-Jahre des 19, Jahrhunderts bestätigen die Feststellung Jan Werner Müllers, dass Populismus als Schatten der repräsentativen Demokratie gesehen werden kann.[115]

113 Verhandlungen des Verfassungsrathes vom Schweizerkanton St.Gallen, S. 55.

114 Verhandlungen des Verfassungsrathes vom Schweizerkanton St. Gallen, S.56. Zum Kontext vgl. Fabian Brändle, Der Sutter-Handel in Appenzell Innerrhoden. Kontinuitäten vom Ancien Régime in die 1830er Jahre, in: Rolf Graber (Hg.), Demokratisierungsprozesse in der Schweiz im späten 18. und 19. Jahrhundert (Schriftenreihe der Internationalen Forschungsstelle ‹Demokratische Bewegungen in Mitteleuropa 1770–1850›, Bd. 40), Frankfurt a. M. 2008, S. 21–33., bes. S. 32.

115 Müller, Was ist Populismus? S.18.

5.4 Protestträger: Dichotomie zwischen bürgerlicher und plebejischer Öffentlichkeit?

Nach der Charakterisierung der Anführer soll ein Blick auf die Massenbasis der Demokratiebewegungen geworfen werden. Welche sozialen Schichten und Berufsgattungen sind die Protestträger, die in dichotomischer Abgrenzung von der bürgerlichen Elite als «Volk» bezeichnet werden? Durch welche gemeinsamen Interessenlagen und Problemwahrnehmungen werden die heterogenen Protestträger zusammengeschweisst? Mit ihrer Kennzeichnung als Verlierer und Verliererinnen der wirtschaftlichen Modernisierung und Liberalisierung wird eine wichtige Gemeinsamkeit benannt. Eine erste Gruppe, für die diese Charakterisierung zutrifft, bilden die Heimarbeiter und Heimarbeiterinnen. Durch die Mechanisierung der Textilproduktion ist ihre Existenz bedroht und sie werden zur «industriellen Reservearmee» degradiert. Eine zweite Gruppe besteht aus Massenhandwerken wie Tischler, Schuster oder Schneider. Mit dem Wegfall zünftiger Regulierungen und der Liberalisierung wird der Konkurrenzdruck noch grösser. Zudem ersetzt auch hier die maschinelle Produktion zunehmend die Handarbeit. Eine weitere Gruppe sind die Kleinbauern und Tauner. Die Privatisierung des Kollektivbesitzes hat zur Folge, dass sie den Zugriff auf lebensnotwendige Ressourcen verlieren. Da die Feudallasten nur zögerlich abgelöst, jedoch gleichzeitig neue Steuern und Abgaben eingeführt werden, nimmt ihre Verschuldung zu und die Existenz wird immer prekärer. In den Quellen werden diese verarmten Menschen mit dem Begriff «Pöbel» charakterisiert. Über ihre revolutionären Hoffnungen und Erwartungen schreibt ein zeitgenössischer Beobachter: «Die Worte ‹Freiheit› und ‹Gleichheit› ertönten von Mund zu Mund, obgleich keiner den Sinn dieser Worte zu deuten vermochte. Der gemeine Pöbel verstand darunter nicht bloss

Gleichheit der Rechte, sondern auch gemeinsame Teilung der Güter.»[116] Georg Friedrich Wilhelm Hegel, hat die Verhaltensdispositionen dieser pauperisierten Unterschichten im frühen 19. Jahrhundert schlüssig auf den Begriff gebracht: «Die Armut an sich macht noch keinen Pöbel; dieser wird erst bestimmt durch die mit der Armut sich verknüpfende Gesinnung, durch die innere Empörung gegen die Reichen, gegen die Gesellschaft, die Regierung usw. [...] Somit entsteht im Pöbel das Böse, dass er die Ehre nicht hat, seine Subsistenz durch Arbeit zu finden, und doch seine Subsistenz zu finden als sein Recht anspricht.»[117] In der neueren Forschungsliteratur werden diese sozialen Gruppen mit dem Attribut «plebejisch» versehen. Ihre Interaktions- und Kommunikationsformen können als «plebejische Kultur» und «plebejische Öffentlichkeit» beschrieben werden.[118] Diese steht in scharfem Kontrast zur bürgerlichen Öffentlichkeit der liberalen Eliten mit ihrem Vereinswesen und der publizistischen Infrastruktur. Zentren der Kommunikation sind Orte ländlicher Geselligkeit wie Wirtshäuser, Backstuben und Mühlen, aber auch Orte der Produktion und Distribution wie Spinnstuben, Werkstätten der Schuhmacher und Märkte.[119] Im Unterschied zur bürgerli-

116 Hans Georg Wipf von Marthalen. Ein Wort an das Publikum und seine Freunde, zur Rechtfertigung des Benehmens beym Ausbruch der Revolution im Vaterlande. Geschrieben im Hornung 1803 (Helvetien), 1803.

117 Georg Friedrich Wilhelm Hegel, Grundlinien der Philosophie des Rechts oder Naturrecht und Staatswissenschaft im Grundrisse. Mit Hegels eigenhändigen Notizen und den mündlichen Zusätzen (1821), Frankfurt a. M. 1976, S. 389 § 244, Zusatz.

118 Vgl. Hans Medick, Plebejische Kultur, plebejische Öffentlichkeit, plebejische Ökonomie. Über Erfahrungen und Verhaltensweisen Besitzarmer und Besitzloser in der Übergangsphase zum Kapitalismus, in: Robert M. Berdahl, Alf Lüdtke u. a. (Hg.), Klassen und Kultur. Sozialanthropologische Perspektiven in der Geschichtsschreibung, Frankfurt a. M. 1982, 187–204.

119 Zum Formierungsprozess einer plebejischen Öffentlichkeit am Fallbeispiel Zürich vgl. Rolf Graber, Zeit des Teilens, Volksbewegungen und Volksunruhen auf der Zürcher Landschaft 1794–1804, Zürich 2003, S. 118–140.

chen Öffentlichkeit wird auch die Produktions- und Reproduktionssphäre einbezogen, der soziale Erfahrungsraum der bürgerlichen Öffentlichkeit erfährt eine explizite Erweiterung.[120] Grundlage für die plebejische Öffentlichkeit bilden Handels- und Kommunikationsnetze der ländlichen Gewerbetreibenden der Protoindustrie, der protoagrarkapitalistischen Wachstumssektoren sowie des entstehenden Dienstleistungsgewerbes. Für die Verbreitung politischer Botschaften sorgen mobile Bevölkerungsgruppen wie Hausierer, Branntweinkrämer, Garnträger, Schweinehändler, Viehtreiber, Käse- und Butterhändler sowie Störhandwerker. Besonderes ins Visier der Obrigkeit geraten Kolporteure von Flugschriften und politischen Pamphleten. Vor allem nach gescheiterten Volksbewegungen und Volksaufständen ist die Aufmerksamkeit der Regierung verstärkt auf diesen Personenkreis gerichtet. Im Kanton Zürich ist dies etwa nach dem Stäfner Handel oder dem Bockenkrieg der Fall. 1795 wird Jakob Gemperle vorgeworfen, dass er in vierzehn Tagen 500 Broschüren verkauft hätte. Armut und Verschuldung zwingen den Kleinbauern zu diesem Nebenerwerb, da er eine sechsköpfige Familie zu ernähren hat.[121] Diese massenhafte Verbreitung von Flugschriften erweitert den Horizont und befördert Lernprozesse bei der breiten Bevölkerung. Dass die autonomen Aneignungsprozesse von politischem Wissen Früchte tragen, lässt sich am Beispiel des Schusters Johann Jakob Willi aufzeigen, dem Anführer des Volksaufstandes von 1804, dem Bockenkrieg. Kurz vor der drohenden Hinrichtung, versucht ein Geistlicher dem Delinquenten mit besserwis-

120 Oskar Negt, Alexander Kluge, Öffentlichkeit und Erfahrung. Zur Organisationsanalyse von bürgerlicher und proletarischer Öffentlichkeit, Frankfurt a. M. 1972.

121 Vgl. François de Capitani, Les idées de la Révolution dans la hotte du coporteur, in: La Suisse et la Révolution Française, Images, caricatures, pamphlets, hg. vom Musée Historique de Lausanne, Lausanne 1989, S. 50–58.

serischer Eloquenz die Unrechtmässigkeit seines Verhaltens aufzuzeigen. Er wirft ihm vor, der rechtmässig gewählten Regierung den Gehorsam aufgekündigt, diese beschimpft und die Waffen gegen sie ergriffen zu haben. Völlig unerwartet für den gelehrten Gesprächspartner verteidigt sich der Angeschuldigte mit den Worten: «Aber wir leben unter keinem Monarch. Wir sind, so sagt man allenthalben, freye, unabhängige Schweizer». Der Geistliche, den die trotzige Antwort überrascht, fragt seinen Gesprächspartner, ob er den Unterschied zwischen einer monarchischen und republikanischen Regierung angeben könne. «Ja freylich» antwortet Willi spontan, «in der monarchischen Regierung herrscht ein Potentat und in einer republikanischen Regierung herrscht das Volk. Da hat das Volk zu befehlen [...] wenn man das Volk nicht hört, so ist die Regierung tyrannisch.»[122] Trotz Niederschlagung des Aufstandes und verhängten Todesstrafen für die Anführer lässt sich die Verbreitung regierungskritischer Pamphlete sowie die selbständige Aneignung subversiven Wissens nicht unterdrücken, wie die Festnahme eines Kolporteurs kurz nach der Vollstreckung der Todesurteile zeigt. Wieder gerät ein Vertreter dieser flottanten Bevölkerungsgruppe, nicht nur wegen der Verbreitung aufrührerischer Schriften, sondern durch «aufrührerische Reden» ins Visier der Justiz. Im April wird ein Peter Härig von Äsch, «ein Krämer von kurzer Waar» inhaftiert, weil er das Verhalten der Regierung als «schelmisch und tiranisch» kritisiert hat. Besonders aufschlussreich sind die Angaben in einem anlässlich der Fahndung nach diesem «frechen Calumnianten» veröffentlichten Steckbrief: «38 Jahr alt, 5 Schuh, 2 Zoll hoch, schwarz braun, magern Angesichts, schwarz abgestutzte

122 Zit. nach Jakob Cramer, Leben und Ende Hans Jakob Willis von Horgen und Jakob Kleiners von Egg in Schönenberg. (Beiträge zur näheren Kenntnis der Menschen in Lebensbeschreibungen hingerichteter Missetäter, Drittes Heft), Zürich 1804, S. 23 ff.; vgl. auch Graber, Demokratisierungsprozesse in der Schweiz, S. 16.

Haare, braune Augen, spitzige Nase, redt Deutsch und Französisch, tregt ein Dunkel grüner Rock mit gelben Knöpfen, ein gestrichletes Gilet mit weissen glatten Knöpfen, Dunckel grünen Hosen und Schuh mit Riemen gebunden.»[123] Neben der auffälligen Kleidung wird vor allem seine Zweisprachigkeit hervorgehoben und damit auf die kommunikativen Fähigkeiten hingewiesen. Gemeinsam ist diesen Exponenten einer plebejischen Öffentlichkeit vor allem ihr eigenwilliges Auftreten gegenüber den Herrschenden. Alf Lüdke hat dafür den Begriff «Eigensinn» geprägt. Im Rückgriff auf Begriffsdefinitionen um 1800 wird Eigensinn als «die absichtlich betriebene ungesellige Widerborstigkeit in Verhalten, Körperhaltung und Körpersprache verstanden.»[124] Er ist eine Antwort der Ohnmächtigen auf die Herausforderungen durch Pädagogisierung und Polizeistaatlichkeit. Schichtspezifisch wird dieses Verhalten «unmündigen» aus den «niederen Gesellschaftsklassen» zugeschrieben.[125] Es muss aber nicht zwingend zur Überwindung der Unmündigkeit führen, da Eigensinn «eine Freiheit sei, die innerhalb der Knechtschaft stehen bleibt.»[126] Das eigensinnige Verhalten ist deshalb eine spezifische Form, den Herausforderungen der sich durchsetzenden Disziplinargesellschaft zu begegnen und eine wichtige Voraussetzung für die Entfaltung einer plebejischen Öffentlichkeit im frühen 19. Jahrhundert. Diese ist gleichsam ein Kontrastprogramm zur bürgerlichen Öffentlichkeit und fordert diese heraus.

---

123 Staatsarchiv Zürich StAZH, M 1.11, Nr. 6 Signalement.

124 Vgl. Alf Lüdtke, Art. Eigensinn, in: Stefan Jordan (Hg.), Lexikon Geschichtswissenschaft. Hundert Grundbegriffe, Stuttgart 2002, ferner ders., Geschichte und Eigensinn, in: Berliner Geschichtswerkstatt (Hg.), Alltagskultur, Subjektivität und Geschichte. Zur Theorie und Praxis von Alltagsgeschichte, Münster 1994, S 139–153, bes. S. S. 141.

125 Ebd.

126 Georg Friedrich Wilhelm Hegel, Phänomenologie des Geistes, 1807, zit. nach Lüdtke, Art. Eigensinn, in: Lexikon der Geschichtswissenschaft. Hundert Grundbegriffe. S. 64.

Deshalb empfinden Vertreter der bürgerlichen Öffentlichkeit die eigensinnig auftretenden plebejischen Schichten als Bedrohung und sie werden als instrumentalisierter Pöbel wahrgenommen. Exemplarisch für diese Sichtweise ist die Äusserung eines Gründungsmitglieds des Zofingervereins, einer Studentenverbindung, die als Kaderschmiede der liberalen Elite gesehen werden kann.[127] Unter dem Eindruck der grossen Volksversammlungen um 1830 und der dort erhobenen Forderung nach Verwirklichung der Volkssouveränität, formuliert Heinrich Nüscheler: «Männerstolz vor Königsthronen aber auch vor dem Volk.»[128] Obwohl der Verein als studentische Protestbewegung für die Erweiterung der politischen Freiheitsrechte eintritt, und zu einem wichtigen Bestandteil der liberalen Bewegung wird, nimmt er gleichzeitig eine Abwehrhaltung zum primär sozial bedingten Protest und den Mitbestimmungsambitionen der unterbürgerlichen Schichten ein. Darin zeigt sich ein grundsätzliches Dilemma des bürgerlichen Liberalismus. Zu einem Zeitpunkt, als die eigenen politischen Emanzipationsbestrebungen noch nicht erfüllt sind, ist er bereits mit den sozialen und politischen Forderungen der Unterschichten konfrontiert.[129] In diesem Dilemma manifestiert sich

---

127 Zum Zofingerverein vgl. Rolf Graber, Die Gründung des Zofingervereins. Zur Konstruktion einer schweizerischen Burschenschaft, in: Helmut Reinalter (Hg.), Politische Gesellschaften und Parteien in Zentraleuropa 1815–1848/49 (Schriftenreihe der Internationalen Forschungsstelle Demokratische Bewegungen in Mitteleuropa 1770–1850, Bd. 38), Frankfurt a. M. 2005, S. 243–259.

128 Ulrich Beringer, Geschichte des Zofingervereins, zit. aus Schweiz. Monatschronik, 1827, S. 194; vgl. auch Werner Kundert unter der Mitarbeit von Ulrich Im Hof, Geschichte der Schweizerischen Burschenschaft, in: Der Schweizerische Zofingerverein1819–1969. Eine Darstellung hg. vom Schweizerischen Zofingerverein und Altzofingerverein, Bern, 1969, S.41.

129 Wolfgang Hardtwig, Protestformen und Organisationsstrukturen der deutschen Burschenschaft,1815–1833, in: Helmut Reinalter (Hg.), Demokratische und soziale Protestbewegungen in Mitteleuropa 1815–1848/49 (Suhrkamp Taschenbuch Wissenschaft, 629), Frankfurt a. M. 1986, S. 37–76, bes. S.76.

auch jener Strukturwandel der Öffentlichkeit, den Jürgen Habermas in seiner wegweisenden Studie aufgezeigt hat.[130] Dass dieser Strukturwandel vom emanzipatorischen zum repressiven Charakter der bürgerlichen Öffentlichkeit in der Schweiz schon in der frühliberalen Phase eingesetzt hat, lässt sich an weiteren Äusserungen liberaler Politiker belegen. In der Verfassungsdebatte von 1837/38 im Kanton Zürich erklärt etwa der prominente Abgeordnete der Liberalradikalen, Friedrich Ludwig Keller, im Grossen Rat, «dass vor sechs Jahren ein Kampf gekämpft worden sei gegen Privilegienherrschaft und Aristokratie und dass in den nächsten Jahren zu kämpfen sein werde gegen Rohheit und Pöbelherrschaft.»[131] Gegen die plebejischen Schichten wird ein Abwehrposition aufgebaut. In dieser Haltung und der Warnung vor Pöbelherrschaft und Ochlokratie zeigt sich die Furcht der liberalen Eliten vor dem Volk.

5.5 Präsenz von Frauen in den Protestbewegungen: Weshalb wurden Frauen nicht gehört?

Zu den als Pöbel bezeichneten revoltierenden Volksmassen gehörten auch Frauen. Während der Zeit der Helvetischen Revolution sind sie in Protestaktionen präsent. Ulrich Hegner berichtet über viele «Weiber», die mit leeren Säcken und Körben einen

130 Jürgen Habermas, Strukturwandel der Öffentlichkeit. Untersuchungen zu einer Kategorie der bürgerlichen Gesellschaft, Neuwied 1962.

131 Zit. nach Johann Jakob Leuthy, Geschichte des Kantons Zürich von 1831–1840. Aus den Quellen untersucht und höchst wichtigen Mitteilungen von den noch lebenden Zeitgenossen und Angehörigen dargestellt, Zürich 1845, S. 777; zum Kontext vgl. Dölf Wild, Die ersten Jahre der liberalen Demokratie im Kanton Zürich – oder: Probleme mit dem Volk 1830–1848. Ein kritischer Beitrag zur Frage «98 statt 91», in: Silvia Ferrari u. a. (Hg.), Auf wen schoss Wilhelm Tell, Beiträge zu einer Ideologiegeschichte der Schweiz, Zürich 1991, 103–120.

Prügelzug nach Zürich begleiten, in der Hoffnung bei Plünderungen etwas abzubekommen.[132] Ein anderer Chronist erwähnt die «Fischweiber vom Bodensee», die vor das Kloster St. Gallen ziehen, um zusammen mit den männlichen Teilnehmern der Protestaktion die neu gewonnenen Freiheitsrechte gegenüber dem Fürstabt zu verteidigen.[133] Im Bericht wird das militante Auftreten der Frauen mit dem Zug der Marktfrauen nach Versailles verglichen.[134] Auf bildlichen Darstellungen der grossen Volksversammlungen zu Beginn der Regenerationszeit, sind am Rande auch Frauen zu erkennen, die das Geschehen aktiv und interessiert mitgestalten. In Zusammenhang mit dem Septemberputsch in Zürich, der 1839 zum Sturz der liberalen Regierung führt, wird über wütende Frauen berichtet, die anlässlich der Heimkehr von der Feldarbeit mit ihren Arbeitswerkzeugen Exponenten der liberalen Bewegung wie einen Spinnereiunternehmer, einen Regierungsrat und einen Vertreter der neuen kritischen Lehrergeneration bedrohen. Einer der wenigen Berichte, die ein direktes Eingreifen der Frauen ins Protestgeschehen dokumentieren, ist ein Kommentar Martin Distelis im Bilderkalender. Der Text enthält Angaben über das Auftreten von Frauen anlässlich der Volksversammlung von 1842 in Egerkingen. Die Versammlung ist gegen die liberale Regierung gerichtet und fordert neben sozialen Reformen auch ein Veto gegen neue Gesetze. In Zusammenhang mit der Beschlussfassung über den Forderungskatalog berichtet Disteli: «Mehr als gewöhnlichen Antheil an dieser Abstimmung nahmen die Egerkinger Weibsleute. Fast drollig war es zu sehen wie eine handfeste Jungfer einem Richter unter der Nase stand

---

132 Ulrich Hegners Aufzeichnungen aus Winterthurs Revolutionstagen, S. 17.

133 Bernhard Wartmann (1739–1815), Zur Geschichte der Helvetischen Revolution in Stadt und Landschaft St. Gallen, hg. vom Historischen Verein des Kantons St. Gallen, 138. Neujahrsblatt (1998), S. 26 ff.

134 Ebd.

und in des Vetter Hammers (Anführer der Solothurner Demokratiebewegung d. V) beliebten Worten sprach: «Es mues do dure. Da der Angefahrene sie begütigen wollte, wurde sie immer heftiger und bald bildete sich ein Kreis um sie, eine Versammlung in der Versammlung.[135] Hinweise auf «schimpfender Weiber» sind auch in Arbeiten zum Protestverhalten der Frauen in der Zeit des Vormärz für Gebiete des Deutschen Bundes zu finden.[136]

Nebst der Beteiligung an Protestbewegungen und -versammlungen bieten die Petitionen eine Gelegenheit zu Wortmeldungen. In Zusammenhang mit Verfassungsrevisionen in den 1860er-Jahren machen auch Frauen auf ihre Anliegen aufmerksam. 1862 fordern Frauen aus der Gemeinde Sissach im Kanton Baselland mehr Bildung und ein für die Frauen gerechteres Erbgesetz, mit der damals provokativen Bemerkung «die Frauen werden wohl auch zum Volk gezählt werden.»[137] 1865 wird in Berner Zeitungen wie im Emmentaler Blatt und im Tagblatt für den Oberaargau, die Gleichstellung der Frau in Gemeinde und Staatsleben gefordert mit dem Argument, «dass die Frauen häufig an praktischem Verstande den Männern überlegen seien.»[138] 1868 verlangen «mehrere Frauen aus dem Volke» vom «hohen Verfassungsrath» vollen Anteil an allen bürgerlichen Rechten, das heisst «Wahlberechtigung u. Wahlfähigkeit für das weibliche Geschlecht in den sozialen u. politischen Angelegenheiten

135 Schweizerischer Bilderkalender von Martin Disteli für das Jahr 1842, S 26.

136 Vgl. Carola Lipp, (Hg.), Schimpfende Weiber und patriotische Jungfrauen. Frauen im Vormärz und in der Revolution von 1848/49, Bühl-Moos 1986.

137 Zur Petition der Sissacherinnen (1862) Pascale Meyer, Sabine Kubli (Hg.), Alles was RECHT ist. Baselbieterinnen auf dem Weg zu Gleichberechtigung und Gleichstellung (Archäologie und Museum, Heft 024), Liestal 1992. S. 17.

138 Vgl. Peter Gilg, Die demokratische Bewegung im Kanton Bern, in: Archiv des historischen Vereins des Kantons Bern, Bd. 42. (1953), Heft 1, S. 353–401 bes. S. 399.

und Beziehungen.»[139] Zudem verweisen sie auf die Inkonsequenz in der Argumentation der Demokraten, die Mitbestimmungs- und Freiheitsrechte fordern, diese aber dem weiblichen Teil der Bevölkerung vorenthalten. Die politische Mitbestimmung der Frauen liegt nämlich nicht im Denkhorizont der meisten Liberalen und Demokraten. Eine der wenigen Ausnahmen ist Johann Jakob Leuthy, der durch die Herausgabe des «schweizerischen Freiheitsfreundes» zum Pressepionier in der Zürcher Landschaft wird. Weil ihm als Landbürger eine höhere Schulbildung versagt ist, entwickelt er ein feines Sensorium für Benachteiligungen. So setzt er sich für die Rechte der Juden ein und profiliert sich als ein von der gelehrten Zunft gemiedener Historiker der Landbevölkerung.[140] 1833 lanciert er eine Probenummer einer Frauenzeitschrift mit dem Titel «Das Recht der Weiber». Die programmatische Zielsetzung wird schon in der Einleitung klar formuliert: «Wenn daher nur der Wahnsinn dagegen kämpfen kann, dass die Weiber auch Menschen sind und also Menschenrechte haben, so bleibt den Gegnern der Emanzipation der Frauen nur noch der Einwurf möglich, dass die Frauen vermöge ihrer geistigen und körperlichen natürlichen Anlagen nicht fähig sind, aktive Bürger im Staatenvereine zu sein. Diesen Einwurf in seiner ganzen Nichtigkeit darzustellen, ist der Hauptzweck dieser Zeitschrift und indem wir der Geschichte folgen und die Frauen darstellen, die sich als Regentinnen, als Theilnehmerinnen an grossen Staatsumwälzungen, als Dichterinnen und Schriftstellerinnen, als Vorsteherinnen kommerzieller und industrieller Anstalten und als Leiterinnen öffentlicher und häuslicher Verhältnisse aus-

139 Vgl. Elisabeth Joris, Heidi Witzig (Hg.) Frauengeschicht(en), Dokumente aus zwei Jahrhunderten zur Situation der Frauen in der Schweiz, Zürich 1986, S. 443 und 484 f.

140 Zu Leuthy vgl. Christoph Guggenbühl, Zensur und Pressefreiheit. Kommunikationskontrolle in Zürich an der Wende zum 19. Jahrhundert, Zürich 1996, S. 394 f.

gezeichnet haben, werden wir uns die Beweise sichern, die zum Belege unserer Behauptungen dienen müssen.»[141]

Die Präsenz der Frauen an Protestaktionen, die Artikulation spezifischer Forderungen im Rahmen der Demokratiebewegungen in den 1860er-Jahren und die relativ früh erfolgten publizistischen Interventionen von männlicher Seite wecken die Erwartung, dass die Einführung der Frauenrechte in der Schweiz, gleichzeitig wie in den anderen europäischen Staaten, im Kontext der Demokratisierungswellen erfolgt sei. Dies ist jedoch nicht der Fall. Als 1959 die erste Volksabstimmung über die Einführung des Frauenstimmrechts in der Schweiz stattfindet, gewähren bereits alle Nachbarländer mit Ausnahme von Liechtenstein den Frauen die politischen Rechte. Vor der zweiten Volksabstimmung gerät die Schweiz im Hinblick auf die politische Partizipation der weiblichen Bevölkerung auch international ins Hintertreffen und bildet etwa zusammen mit Jemen, Jordanien und Saudi-Arabien das Schlusslicht. Erst 1971, in einer zweiten eidgenössischen Volksabstimmung befürworten zwei Drittel der Männer bei einer Stimmbeteiligung von 57,72% die Einführung des Frauenstimmrechts.[142] Auf kantonaler Ebene dauert es noch länger. Der Ostschweizer Landsgemeindekanton Appenzell Innerrhoden muss 1990 sogar durch ein Bundesgerichtsurteil gezwungen werden, das Frauenstimmrecht einzuführen. Die direkten Demokratien erweisen sich als besonders resistent gegen die politische Partizipation der Frauen. Wie ist dieser Sachverhalt zu erklären? Die Teilnahme an der Landsgemeinde war schon im Ancien Régime an Waffenbesitz gekoppelt. Dies zeigt sich darin, dass die Teilnehmer bewaffnet mit einem Säbel erschienen. Die Bundesver-

141 Johann Jakob Leuthy, Das Recht der Weiber. Zeitschrift für Frauen und Jungfrauen, Nr. 1, Riesbach am Zürichsee, 1833, S. 2–4.

142 Für einen zeitlichen Überblick der Einführung der politischen Rechte der Frauen im internationalen Kontext vgl. Alfred Kölz, Neuere schweizerische Verfassungsgeschichte, Bd. 2, S. 786 f.

fassungen von 1848 und 1871 enthielten dann Bestimmungen zur allgemeinen Wehrpflicht, die Kantone setzten sie jedoch nicht in die Praxis um. Trotzdem hat sich die Vorstellung vom wehrhaften Schweizer weiter verdichtet. Mit der Durchsetzung der allgemeinen Wehrpflicht in den 1880er-Jahren wurde ein Zusammenhang von Staatsbürgerschaft und Wehrfähigkeit konstruiert, der zugleich anschlussfähig an männerbündische Verhaltensmuster war und die Vorstellung von Geschlechterrollenstereotypen noch verstärkte.[143] Diese nationalkulturell verankerte Form männlicher Herrschaft, gehörte auch im 20. Jahrhundert noch zum ideologischen Arsenal der geistigen Landesverteidigung.[144]

5.6 Exklusion und Inklusion in der Gemeinde: Frage nach einer Kontinuität zwischen der Situation im Ancien Régime und der aktuellen Situation?

Die Gemeinde gilt als politisches Referenzmodell, weil sie für einen hohen Partizipationsgrad steht. Die Teilnehmer an den Gemeindeversammlungen konnten über Sachfragen abstimmen und gemeindeinterne Konflikte regeln. Ein Indikator für die Intensität der Partizipation ist die Anzahl der Versammlungen pro Jahr. Für Berner Gemeinden wurden im ausgehenden 18. Jahrhundert 12 bis 20 jährliche Zusammenkünfte ermittelt.[145] Aller-

143 Vgl. Lynn Blattmann, Studentenverbindungen – Männerbünde im Bundesstaat, in: dies., Irène Meier (Hg.), Männerbund und Bundesstaat. Über politische Kultur in der Schweiz, Zürich 1998, S. 138–155.

144 Caroline Arni, Republikanismus und Männlichkeit in der Schweiz, in: Schweizerischer Verband für Frauenrechte (Hg.), Der Kampf um gleiche Rechte – Le combat pour les droits égaux, Basel 2009, S. 20–31.

145 Sandro Frevel, Streiten, Schlichten und Gemeindebier. Vom Aushandeln dörflicher Interessenkonflikte an Gemeindeversammlungen, in: André Holenstein (Hg.), Berns goldene Zeit. Das 18. Jahrhundert neu entdeckt, Bern 2008, S. 194–196, bes. S. 195.

dings ist zu beachten, dass nicht alle Einwohner Zutritt zu diesem Gremium hatten. Das Recht zur Teilnahme an der Gemeindeversammlung war im Ancien Régime regional unterschiedlich geregelt und von speziellen Siedlungs- und Landwirtschaftsformen abhängig. Hinsichtlich der Rechtsstellung lassen sich drei Gruppen unterscheiden: Vollbürger, Hinter- und Beisässen.[146] Die Vollbürger sind Besitzer eines Wohnhauses und damit Inhaber der zugehörigen Gerechtigkeiten oder Teilgerechtigkeiten und erhalten dadurch den Zugang zu den politischen Rechten. Durch ihr Heimatrecht haben sie auch Anspruch auf Armenunterstützung. Zuzüger können sich bei Erwerb eines Hauses mit Land und Gerechtigkeiten in die Bürgerrechte einkaufen, indem sie ein Einzugsgeld entrichten. Um die Schmälerung der Nutzungsrechte der Gemeindegenossen zu verhindern sind diese Einzugsgelder im 17. und 18. Jahrhundert allerdings ständig erhöht worden, was oftmals einer Abschliessung der Gemeinden gleichkommt. Zudem können ärmere Gemeindebürger ihre politischen Rechte verlieren, sobald sie Almosen beziehen, denn Almosengenössigkeit bedeutet auch den Ausschluss aus der Gemeindeversammlung. Wenn die Vollbürger die alte Gemeindefreiheit verteidigen, geht es immer auch um die Verteidigung dieser Privilegien, also um Besitzstandswahrung. Im Gegensatz zu den Gemeindegenossen verfügen die Hintersässen über keinen Besitz an Teilgerechtigkeiten und sind deshalb auch vom Allmendnutzungsrecht und von der politischen Mitsprache ausgeschlossen. Sie haben allerdings das Heimatrecht, das heisst eine feste Niederlassung und dadurch einen Anspruch auf Armenunterstützung. Neben einem Einzugsgeld müssen sie eine jährliche Hintersässensteuer

146 Exemplarisch zur Gemeindeorganisation im Ancien Régime am Zürcher Beispiel vgl. Edwin W. Kunz, Die lokale Selbstverwaltung in den zürcherischen Landgemeinden im 18. Jahrhundert, Diss. Zürich, Affoltern am Albis, 1948.

entrichten. Zur politischen Benachteiligung, dem Ausschluss aus der Gemeindepolitik kommt noch eine finanzielle Auflage. Als dritte Gruppe sind noch die Beisässen zu erwähnen, die allerdings sowohl in den Quellen und in der Literatur nicht immer deutlich von den Hintersässen unterschieden werden. Weil sie den Einzug nicht geleistet haben, besitzen sie kein Heimatrecht und keinen Anspruch auf Armenunterstützung. Sie sind in der Gemeinde nur geduldet und können jederzeit weggewiesen werden.[147] Mit der Ausrufung der Helvetischen Republik und dem Versprechen von Freiheit und Gleichheit werden bei der ärmeren Bevölkerung Hoffnungen geweckt, dass sich die Verhältnisse auch auf der Ebene der Gemeinden grundsätzlich verändern würden. Diese Hoffnungen auf eine egalitärere Gesellschaft erweisen sich aber schon bald als trügerisch. Zwar wird im Sommer 1798 verkündet, dass alle ausschliessenden Vorrechte beseitigt und die Bürger rechtlich gleichgestellt würden. Mit der Munizipalität wird eine Institution geschaffen, zu der alle aktiven Bürger ohne Ausnahme Zutritt haben. Gleichzeitig bleibt aber die korporative Organisation der Teilhaber am Gemeindegut und damit die überkommene Privilegienordnung bestehen.[148] Eine Partizipation der Hinter- und Beisässen am kollektiven Besitz wird verhindert. Die alten Ortsbürgergemeinden existieren auch während der Mediations- und Restaurationszeit weiter. Die Demokratisierung der

147 Zur Rechtsstellung der verschiedenen Gruppen und zur Sozialstruktur der Gemeinden vgl. Graber, Zeit des Teilens, S. 96–100.

148 Zur Beharrungskraft der korporativen Strukturen und zu deren Bedeutung als Element vormoderner Staatlichkeit vgl. die wichtigen Arbeiten von Daniel Schläppi. Ders., Management kollektiver Ressourcen als Kerngeschäft von Verwaltung in der alten Eidgenossenschaft, in: traverse. Zeitschrift für Geschichte, Jg. 18 (2011), Nr. 2: Verwalten und regieren, S. 32–55, bes. S. 50 f.; ders. Grenzen der Gleichheit, Wie und warum die helvetischen Regenten vor dem Gemeinbesitz von Korporationen kapitulierten, in: Andreas Würgler (Hg.), Grenzen des Zumutbaren. Erfahrungen mit der französischen Okkupation und der Helvetischen Republik (1798–1803), Basel 2011, S. 47–66, bes. S. 63–65.

Gemeinden und die Beseitigung der rechtlichen und sozialen Unterschiede bleibt ein Postulat der Demokratiebewegungen, indem die immer noch existierende alte Gemeindefreiheit der Privilegierten mit der Gleichheitsforderung der rechtlich und sozial Benachteiligten konfrontiert wird.[149] Ein Beispiel ist die Petition der Einsässen (Hintersässen) der Baselbieter Gemeinde Waldenburg zu Beginn der Regenerationszeit. Diese ersuchen den Verfassungsrat «bevor eine neue Verfassung entworfen ist, in derselben auch für Einsässen besorgt zu sein.»[150] Sie beklagen, dass «keinem [Einsass] Einlass an einer Gemeinds-Versammlung geboten, damit er auch das Kantonsblatt anhören kann, so wie auch Beschlüsse gefasst werden, dass etwa ein Weg oder sonst etwas sollte gemacht werden, wo der Einsass wie der Bürger mithelfen muss, so weiss der Einsass nichts davon als bis ihm zum mithelfen aufgeboten wird.»[151] Ferner machen die Verfasser der Eingabe auf die Ungleichheit in Bezug auf die Nutzung der Gemeindeweide respektive Allmende aufmerksam. Am Beispiel des Holzbezugs und der Nutzungsrechte am Wald wird die Verschlechterung der Stellung der Einsassen thematisiert, die auf die zunehmende Privatisierung des Waldes zurückzuführen ist. Gerechtfertigt werden die Anliegen der Einsassen mit ihrer Beteiligung an den Verfassungskämpfen: «Auch in Zeiten der Gefahren sind wir nicht weniger als der Bürger thätig gewesen, wo mit Waffen hat gekämpft werden müssen. Deshalb thut uns bedauren, dass im ersten Augenblick wo für uns eine Neue Regierung solte gebildet werden, so dass wir uns nicht für freye, sondern

149 Vgl. Graber, Demokratie und Revolten, S. 88 f.

150 Petition der Einsassen der Gemeinde Waldenburg, Staatsarchiv Baselland, Liestal: Verfassung B 1.2: Verfassung vom 27. 4. 1832. Verfassungsentwürfe. Petitionen, gedruckt in: Rolf Graber, Wege zur direkten Demokratie in der Schweiz, S. 350 f.

151 Ebd.

für gedrükte ansehen können.»[152] Obwohl nach der Einführung der Bundesverfassung 1848 der Kreis der Stimmberechtigten auf nationaler und kommunaler Ebene erweitert wird, ist das egalitaristische Prinzip an harte Ausschlusskriterien gekoppelt.[153] Für die mobilen Unterschichten ist die Niederlassungsfreiheit an restriktive Bedingungen gebunden. Obwohl den vagierenden Heimatlosen das Bürgerrecht versprochen wird, kann die Erteilung der Niederlassung an Bedingungen wie sittliche Lebensführung oder die Fähigkeit, die Familie zu ernähren, geknüpft werden.[154] Da die Niederlassungsfreiheit nur für Schweizer christlicher Konfession gilt, wird den Juden die Ausübung politischer Rechte verweigert. Erst der internationale Druck der USA, Frankreichs und der Niederlande, die den Abschluss von Handelsverträgen von der Gewährung der vollen Niederlassungsfreiheit abhängig machen, führt zu einem Umdenken, indem 1856 den Juden die Gleichheit vor Gericht und das Stimmrecht auf eidgenössischer und kantonaler Ebene gewährt wird. Kein Stimmrecht haben weiterhin die Frauen, zudem können verarmte Bürger und Konkursiten ihre politischen Rechte verlieren und Randgruppen bleiben weiterhin ausgeschlossen. Gemäss einer 1884 vom Bundesrat durchgeführten Untersuchung tauchen 10 Prozent der stimmberechtigten Schweizer nicht in den Stimmregistern auf.[155] In den 1880er-Jahren kommt noch eine weitere Gruppe dazu. Durch den Wirtschaftsaufschwung wird die Schweiz zum Einwanderungs-

152 Ebd.

153 Zur Entwicklung vgl. Regula Argast, Staatsbürgerschaft und Nation. Ausschliessung und Integration in der Schweiz 1848–1933 (Kritische Studien zur Geschichtswissenschaft, Bd. 174), Göttingen 2007, S. 103–154.

154 Josef Mooser, Eine neue Ordnung für die Schweiz: die Bundesverfassung von 1848, in: Brigitte Studer (Hg.), Etappen des Bundesstaates. Staats- und Nationsbildung in der Schweiz 1848–1998, Zürich 1998, S. 45–61, bes. S. 47 f.

155 Bernhard Degen, Die Sozialdemokratie im Wahlsystem der Schweiz, in: Archiv für Sozialgeschichte 53 (2013), S. 47–66, bes. 53; zit. nach Jakob Tanner, Geschichte der Schweiz im 20. Jahrhundert, München 2015, S. 31.

land. Dadurch nimmt der Anteil der ausländischen Wohnbevölkerung, die vom Stimm- und Wahlrecht ausgeschlossen ist, stark zu. Trotzdem weist die Schweiz vor dem ersten Weltkrieg im internationalen Vergleich mit ca. 22 bis 24 Prozent der Stimmberechtigten gemessen an der Gesamtbevölkerung eine hohe Partizipationsrate auf.[156] Als mit den Demokratisierungswellen nach den beiden Weltkriegen immer mehr Länder das Frauenwahlrecht einführen, gerät die Schweiz weiter ins Hintertreffen. Erst 1971, mit der Einführung des Frauenstimm- und Wahlrechts auf Bundesebene, wird dieser Trend gebrochen. Allerdings nimmt unterdessen eine andere Gruppe der Ausgeschlossenen stark zu. Durch den Wirtschaftsaufschwung nach dem 2. Weltkrieg und die dadurch bedingte Arbeitsimmigration wächst der Anteil der ausländischen Wohnbevölkerung, die keine politischen Rechte besitzt. Restriktive Inklusionskriterien und eine zögerliche Integrationspolitik führen dazu, dass gegenwärtig etwa ein Viertel der Wohnbevölkerung vom Stimm- und Wahlrecht ausgeschlossen ist. In einigen Gemeinden ist es sogar die Hälfte. Das erinnert stark an die Verhältnisse im Ancien Régime, als ein grosser Anteil der Dorfbevölkerung als Bürger zweiter Klasse behandelt wurde. Die harten Ausschlusskriterien, bedingt durch das Selbstverständnis der Gemeinden als republikanische Staatswesen, wirken also bis in die Gegenwart nach.

156 Für die statistischen Angaben ebd., S. 31.

5.7 Kontroverse Beurteilung des Beitrags der katholischen Bevölkerung zur Durchsetzung der direkten Demokratie

Schon Theodor Curti ist aufgefallen, dass der katholische Bevölkerungsteil einen wesentlichen Anteil bei der Durchsetzung der Volksrechte hatte und der Staatsrechtler Eduard His stellt fest, «dass der Konservativismus auch Konzessionen an die Demokratie machen musste und seine Anhänger oft überzeugter für die Freiheitsrechte als die mehr etatistisch eingestellten Radikalen kämpften.»[157] In jüngster Zeit hat René Roca eindringlich auf diesen Umstand hingewiesen und dessen Relevanz für den Demokratisierungsprozess in der Schweiz betont.[158] In einem gemischt-konfessionellen Kanton wie St. Gallen wurde das erste Veto realisiert und die Verfassung des katholisch geprägten Kantons Luzern enthielt ein ähnliches direktdemokratisches Instrument, das sogar noch griffiger ausgestaltet war. Im Wallis wurde auf Initiative der katholisch-konservativen Bewegung ein «Vetoreferendum» eingeführt, das bereits als Vorstufe des modernen Gesetzesreferendums gewertet werden kann.[159] Ausgeklammert in diesem Überblick werden allerdings illiberale und xenophobe Tendenzen katholischer Bewegungen wie die Ausschreitungen gegen die jüdische Bevölkerung im Aargau, die pogromähnliche Formen annehmen. Josef Lang weist deshalb darauf hin, dass

157 Eduard His, Die Bedeutung der schweizerischen Regeneration von 1830/31, in: Zeitschrift für Schweizerische Geschichte, 11. Jhrg. (1931), S. 73–96, S. 92.

158 Vgl. die beiden Aufsätze: René Roca, Einleitung. Katholizismus und moderne Schweiz, sowie ders., Der Beitrag des Katholizismus und der Katholisch-Konservativen zur direkten Demokratie in der Schweiz – Die Kantone Schwyz und St, Gallen, in: Ders. (Hg.), Katholizismus und moderne Schweiz. Beiträge zur Erforschung der direkten Demokratie, Bd. 1, Basel 2016, S. 58–70 und 68–87.

159 Vgl. Verfassung der Republik und des Kantons Wallis vom 14, Herbstmonat 1844, in: Sammlung der Gesetze, Dekrete und Abschlüsse des Kantons Wallis seit 1844 bis 1848, Bd. 7, S. 27.

die direktdemokratischen Bewegungen in katholischen oder gemischt-konfessionellen Gebieten oft mit illiberalen Tendenzen einhergingen, das heisst der Ausbau der Volksrechte durch einen Abbau der Bürgerrechte erkauft worden sei. Als Beispiel führt er neben dem Aargau auch Baselland an, wo etwa auf emanzipatorische Postulate wie Abschaffung der Todesstrafe, Lockerung des Niederlassungsrechts, Einführung der Zivilehe und Judenemanzipation verzichtet wurde, um die katholische Minderheit für die neue Verfassung zu gewinnen.[160] Diese Beobachtungen werden von Lang zu einem allgemeinen Deutungsmuster ausgeweitet, das auf alle katholischen Demokratiebewegungen angewandt wird. In Anlehnung an Ferdinand Tönnies Unterscheidung von Gemeinschaft und Gesellschaft wird zwischen organizistischem und mechanistischem Prinzip unterschieden, was zu einer generell negativen Wertung der katholischen Bewegungen führt, wie etwa der Luzerner Bewegung, welche die Religion explizit über den Volkswillen stellt.[161] Die dichotome Herangehensweise, die alle katholischen Bewegungen schon von vornherein unter Generalverdacht stellt, zahlt allerdings ihren Preis im Verlust an Differenziertheit. In Bezug auf das Luzerner Modell betont etwa Martin Schaffner, erstaunlich sei weniger die Hierarchie von Religion und Volkswillen, sondern «dass ein programmatischer Text

160 Josef Lang, Demokratie in der Schweiz, Geschichte und Gegenwart, Baden 2020, S.53–69, zu Basel vgl. auch Roger Blum, Die politische Beteiligung des Volkes im jungen Kanton Baselland (1832–1875) (Quellen und Forschungen zur Geschichte und Landeskunde des Kantons Baselland, Bd. 16), Liestal 1977, S. 360–391; bes. 360 f.; Ruedi Epple, Die Revi-Bewegung, in: Nah dran, weit weg. Geschichte des Kantons Basel-Landschaft, Bd. 5: Armut und Reichtum im 19. Und 20. Jahrhundert, Liestal, 2001, S. 215–226, bes. S. 224 f.

161 Lang, Demokratie in der Schweiz, S.78–83; mit ähnlicher Einschätzung der Bedeutung des Katholizismus für die Demokratieentwicklung in der Schweiz vgl. ders. Die beiden Katholizismen und die Krux der Schweizer Demokratie, in: Gérald Arlettaz, Die Erfindung der Demokratie in der Schweiz. L'Invention de la démocratie en Suisse (Zeitschrift des Schweizerischen Bundesarchivs, 30), Zürich 2004, S. 45–73, bes. S. 67.

mit stark antiliberaler Tendenz, verfasst von frommen charakterfesten, ‹wohlhablichen›, einflussreichen Bauern, an Schlüsselstellen nicht ohne die Berufung auf das souveräne Volk auskam und dieses Prinzip bei aller Berufung auf religiöse Grundsätze so nüchtern konkretisierte.»[162] Diese Kombination von Religion und Volkssouveränität sprach besonders die ärmere Bevölkerung der Landgebiete an, für die die Religion immer auch praktische Bedeutung hatte und die religiösen Rituale ein wichtiges Element der Alltagsbewältigung waren. Zudem war die Verteidigung der althergebrachten Religion mit der Verteidigung der Gemeindeautonomie verbunden, weil in den katholischen Gebieten den Kirchgemeinden zentrale Rechte wie die Wahl der Pfarrer zustanden.[163] Als Opfer der liberalen Modernisierungspolitik sah die Luzerner Landbevölkerung im Ausbau der Volkssouveränität ein wirksames Korrektiv gegenüber dem liberalkapitalistischen Modernisierungspfad. Gegen das Reformprogramm von oben und die Zwangsmodernisierung formierte sich Widerstand, mit dem Ziel, die «liberale Dampfwalze» zu stoppen.[164] Die Akteure dieser Volksbewegungen suchten immer auch nach einem sozialverträglicheren Weg in die Moderne und richteten sich gegen die «Kolonialisierung» ihrer Lebenswelten».[165] Ausserdem barg

162 Schaffner, Direkte Demokratie, S. 208.

163 Vgl. Peter Blickle, Warum blieb die Innerschweiz katholisch? in: Mitteilungen des historischen Vereins des Kantons Schwyz, Heft 86 (1994), S. 29–38, bes. S. 33–35.

164 Zum Begriff: Fabian Brändle, Es war höchste Zeit, der Offizier rettete ihn vor dem sicheren Tode. Der schweizerische Sonderbundskrieg aus der Perspektive des Soldaten, in: Claudio Glunz, Thomas F. Schneider (Hg.), Attitudes to War. Literatur und Film von Shakespeare bis Afghanistan (Krieg und Literatur, Jahrbuch XVIII), Göttingen 2012, S. 27-30, bes. S. 27.

165 Durch den wirtschaftlichen und politischen Modernisierungsprozess wird das System von der Lebenswelt entkoppelt. Dadurch entsteht ein Spannungsverhältnis zwischen den beiden Bereichen. Als «Kolonialisierung von Lebenswelten» bezeichnet Jürgen Habermas die zunehmende Dominanz moderner Regierungssysteme, bürokratischer Staatsapparate und kapitalistischer Marktwirtschaft über die erfah-

deren Insistieren auf Herstellung der «wahren Volksouveränität» ein Emanzipationspotential, das systemsprengende Züge annehmen konnte. Die konservativen Eliten sahen deshalb eine Ausweitung der Volksrechte nur in Kombination mit einer durch Rekatholisierung des Bildungswesens geförderten Disziplinierung. So wie Konstatin Siegwart Müller, der forderte, «dass der durch demokratische Einrichtungen entbundene Geist des Volkes durch ächtkatholische Gesinnung in den Schranken der Ordnung gehalten werde.»[166] Diese Ambivalenz der Protestbewegungen der katholischen Landbevölkerung wird schon während der Zeit der Helvetik sichtbar. Der konterrevolutionäre antihelvetische Widerstand konnte leicht umkippen und sich gegen die Führungsschicht wenden. Als die Landleute in Schwyz das Taktieren der alten Eliten durchschauten und als Verrat an ihren Freiheitsidealen interpretierten, richtete sich der Protest gegen die eigenen Herrschaftsträger. «Man müsse zuerst die Herren totschlagen, bevor man über die Franken siegen könne», oder «sie wollen doch noch einmal kriegen, aber nicht mehr so einfältig, wie bis dahin, sie wollen zuerst alle Herren todschlagen, es werde dann wohl Ruhe geben.»[167] Durch schematische Zuordnungen und eine eindimensionale Sicht auf die katholischen Bewegungen geraten solche Widersprüche und Ambivalenzen aus dem Blickfeld. Das gilt auch für die Kennzeichnung und die starre Kontrastierung mit den Begriffen organizistisch – mechanistisch. Dieses Inter-

---

rungsbezogene, kommunikative Logik vergangener Lebenswelten. Vgl. Jürgen Habermas, Theorie des kommunikativen Handelns, Frankfurt 1982, Bd. 2; S. 225-275.

166 Siegwart-Müller, Ratsherr Joseph Leu von Ebersoll, S. 508, zitiert nach Eugen Kopp, Die konservative Partei des Kantons Luzern 1831–1948, Luzern 1950, S. 48.

167 StASZ (Staatsarchiv Schwyz), Akten 1, Schachtel 488. Deposition Balz Niderist, dat. 15. April 1801, zit. nach Lukas Vogel, «Die Herren sind alle Schelmen.» Politische, soziale und religiöse Hintergründe des Schwyzer Widerstandes gegen die Helvetik, in: Mitteilungen des Historischen Vereins des Kantons Schwyz, Heft 90 (1998), S. 169–178, bes. 176 ff.

pretationsmuster führt zu einem Fortschrittsnarrativ und zu einer neuen liberalen Meistererzählung, die von den Frühliberalen über die Sozialdemokraten bis zu den Grünen reicht und schliesslich noch prognostischen Charakter annimmt. Dabei wird nicht beachtet, dass der Frühliberalismus bereits in den 1830er-Jahren seine Unschuld längst verloren hatte und Elemente des «Systems Escher» antizipierte.[168] Dölf Wild hat schon 1991 eine präzise Aufarbeitung der historischen Details am Zürcher Beispiel gefordert und gezeigt, dass der Frühliberalismus schlecht in die Ahnengalerie der politischen Linken passt.[169] Nach einer kritischen Abwägung der von Roca und Lang vertretenen Positionen lassen sich folgende Schlussfolgerungen ziehen. Einerseits darf eine angemessene Würdigung der Verdienste der katholischen Bewegungen in Zusammenhang mit dem Ausbau der Volksrechte die dunklen Seiten nicht ausklammern, wie etwa die Vorgänge im Aargau, wo es, ausgelöst durch den katholisch-konservativen Anführer der Volksbewegung, Johann Nepomuk Schleuniger, zu schweren Ausschreitungen gegen die jüdische Bevölkerung kam.[170] Andrerseits sollte der Hinweis auf diese negativen Aspekte nicht dazu führen, ein neues liberales Fortschrittsnarrativ zu konstru-

168 Als «System Escher» wird die Machtkonzentration auf den liberalen Zürcher Politiker, Bankengründer und Eisenbahnpionier Alfred Escher bezeichnet. Vgl. Historisches Lexikon der Schweiz, Bd. 4, Markus Bürgi, Art. Alfred Escher.

169 Dölf Wild, Die ersten Jahre der liberalen Demokratie in Zürich – oder: Probleme mit dem Volk 1830–1848. Ein kritischer Beitrag zur Frage «98 statt 91», in: Silvia Ferrari u. a. (Hg.), Auf wen schoss Wilhelm Tell, Beiträge zur Ideologiegeschichte der Schweiz, Zürich 1991, S. 103–120, bes. S. 103 f. und 117.

170 Aram Mattioli, Der «Mannli-Sturm» oder der Aargauer Emanzipationskonflikt 1861–1863, in: Ders. (Hg.), Antisemitismus in der Schweiz 1848–1960. Mit einem Vorwort von Alfred A. Häsler, Zürich 1998, S. 135–169, bes. S. 137 f., ferner Alexandra Binnenkade, Kontakt-Zonen, jüdisch-christlicher Alltag in Lengnau (Industrielle Welt. Schriftenreihe des Arbeitskreises für moderne Sozialgeschichte, Bd. 75), Köln 2009, S.181 und 217 f.

ieren, das die konsequente Ablehnung einer direkten Beteiligung des Volkes an politischen Entscheidungen durch die frühliberalen Eliten ignoriert. Diese war schon in der frühliberalen Theoriebildung, wie etwa bei Benjamin Constant, angelegt. Der St. Galler Politiker und Staatsmann Gallus Jakob Baumgartner, hat diese frühliberale Haltung auf eine einfache Formel gebracht: «Alles für das Volk, nichts oder so wenig als möglich, durch das Volk.»[171] Der wenig sensible Umgang mit den Sorgen und Nöten der katholischen Bevölkerung, die ständige Warnung vor Pöbelherrschaft und Ochlokratie und der autoritär-elitäre Regierungsstil provozierten deren Widerstand. Die Anführer dieses Widerstands waren nicht einfach finstere Reaktionäre. Im Kanton Aargau waren Exponenten der katholischen Opposition im Freiamt von 1839 ehemalige Liberal-radikale, die wesentlich am Umsturz von 1830 beteiligt waren.[172] Ähnliches gilt auch für die Anführer der Solothurner Vetobewegung wie Urs Joseph Hammer, Wirt Josef Mösch aus Wolfwil und Johann Baptist Brosi. Enttäuscht über die unversöhnliche Haltung der neuen Regierung gegenüber der katholischen Bevölkerung schlossen sie sich der katholischen Opposition an.[173] Zu beachten ist auch, dass in den Forderungska-

171 Zum liberalen Verständnis von Volkssouveränität vgl. Albert Tanner, «Alles für das Volk», die liberalen Bewegungen von 1830/31, in: Thomas Hildbrand, Albert Tanner (Hg.), Im Zeichen der Revolution. Der Weg zum schweizerischen Bundesstaat 1798–1848 (eine Publikation der Volkshochschule Zürich), Zürich 1997, S. 51–74, bes. S. 71 f.; ders. Arbeitsame Patrioten – Wohlanständige Damen. Bürgertum und Bürgerlichkeit in der Schweiz 1830–1914, Zürich 1995, S. 490.

172 Vgl. Arni, Die katholische Opposition im aargauischen Verfassungsstreit, S. 225 f.

173 Hinweise bei Gallus Jakob Baumgartner, Die Schweiz in ihren Kämpfen und Umgestaltungen 1830 bis 1850, Bd. 2, Zürich 1854, S. 423; Tino Kaiser, Die Solothurner Verfassungsrevision von 1840/41, in: Zeitschrift für Schweizerische Geschichte, 20. Jhrg. (1940), 392–473, bes. S. 421; Peter Walliser, Der Kampf um die demokratischen Rechte im Kanton Solothurn, dargestellt anhand der Biographien von Josef und Otto Walliser, Solothurn 1986, S.20.

talogen der katholischen Bewegungen die staatsrechtlich-demokratischen und die wirtschaftlich-sozialen Postulate quantitativ bedeutender sind als die kirchlich-religiösen Anliegen.[174]

5.8 Tell, Winkelried und Rütlischwur: Alternative Instrumentalisierung der Mythen?

Nationalismus und Nationsbildung haben in der Geschichtswissenschaft seit den 1980er-Jahren vermehrt Beachtung gefunden.[175] 1983 sind die Werke von Ernest Gellner, Benedict Anderson und Eric Hobsbawm erschienen und haben ein neues Forschungsparadigma begründet. Diese Studien haben gezeigt, dass dem realen Konstitutionsprozess, der oft das Resultat gewaltsamer und blutiger Auseinandersetzungen war, ein ideeller Konstitutionsprozess voranging, der die Argumente zur Rechtfertigung dieser Kämpfe lieferte. Nationen wurden vorgängig als imaginierte Gemeinschaften (imagined communities) konstruiert.[176] Konstruktionselemente waren überlieferte Bilder, historische Figuren, Erzählungen und Erinnerungen. Durch die Kombination dieser Elemente, sie wird auch als «imagologische Bastelei» bezeichnet,[177] entstanden konsistente Narrative. Die Geschichts-

174 Vgl. Alfred Kölz, Neuere schweizerische Verfassungsgeschichte, Bd. 1, S. 416 und 438.

175 Für eine Einführung in die Nationalismusforschung mit kommentierten Literaturangaben vgl. Hans Ulrich Wehler, Nationalismus, Geschichte, Formen, Folgen, München 2001.

176 Zum Forschungskonzept Eric J. Hobsbawm, Ranger Terence (Hg.), The Invention of Tradition, Cambridge 1983; Benedict Anderson, Imagined Communities. Reflections on the Origin and Spread of Nationalism, London, New York 1983; Ernest Gellner, Nations and Nationalism, London 1983.

177 Guy P. Marchal, Das «Schweizeralpenland», eine imagologische Bastelei, in: Ders., Aram Mattioli (Hg.), Erfundene Schweiz, Konstruktionen nationaler Identität, Zürich 1992, S. 37–49.

mythen bildeten die Legitimationsgrundlage für die Erschaffung und spätere Existenz der Nationalstaaten. Sie dienten der Identitätsstiftung, der Ein- und Unterordnung der Bürger:innen durch Homogenisierung des politischen Bewusstseins und der Abgrenzung gegen aussen. Diese Traditionsbildung und die Konstruktion von Gründungsgeschichten sind keine Besonderheit der Schweiz, sie lassen sich auch in anderen Ländern feststellen. Kernelemente des schweizerischen Mythenbestandes sind die Befreiungsgeschichte (Burgenbruch und Vertreibung der habsburgischen Vögte) und der Gründungsakt der Eidgenossenschaft (Rütlischwur) sowie die Heldengeschichten (Tell, Winkelried). Relevant für die Demokratiegeschichte ist nicht die Frage nach dem Wahrheitsgehalt, sondern nach ihrer politischen Funktion im Hinblick auf die Entwicklung der Schweiz zum selbständigen Staatswesen mit direktdemokratischen Strukturen. Im späten 15. Jahrhundert, als diese Mythen erstmals schriftlich fixiert wurden, richteten sie sich primär gegen die Kritik von aussen. Sie dienten der Rechtfertigung des Sonderwegs der Eidgenossenschaft gegenüber dem monarchisch-ständischen Ordnungsmodell. Gleichzeitig hatten sie eine innenpolitische Bedeutung. Die städtischen und ländlichen Protestbewegungen legitimierten den Widerstand gegen die Obrigkeiten mit Verweis auf diese Mythen. Dieser subversive Gebrauch sorgte dafür, dass die Befreiungsgeschichten weiter popularisiert wurden und sich im kollektiven Bewusstsein verankerten.[178] Statt einer staatstragenden Funktion erhielten sie zugleich eine antietatistische, antiautoritäre und antielitäre Stossrichtung. Dies machte sie auch für die Demokratiebewegungen des 19. Jahrhunderts interessant. Besonders ge-

178 Andreas Suter, Nationalstaat und die «Tradition von Erfindung» – Vergleichende Überlegungen, in: Geschichte und Gesellschaft, Zeitschrift für Historische Sozialwissenschaft, 25 Jhrg., Heft 3 (1999), S. 480–503, bes. S. 497.

eignet erwies sich die Tell-Sage, weil diese Geschichte nicht nur eine spezifisch schweizerische Bedeutung hatte, sondern ein allgemeines Widerstandsrecht gegen Tyrannei propagierte. Neben der Bedeutung für den schweizerischen Freiheitswillen stand Tell allgemein gegen obrigkeitlichen Zwang. Durch diese Doppelrolle wurde er vielseitig instrumentalisierbar. In Zeiten des Umbruchs wie der Helvetik konnte er sowohl von Gegnern als auch von Befürwortern der neuen Ordnung in Anspruch genommen werden. Somit stand er für die Verteidigung der alten Freiheiten respektive Privilegien, gleichzeitig symbolisierte er die naturrechtlich legitimierte neue Freiheit. In dieser revolutionären Perspektive durchlief er weitere Metamorphosen, aus dem jakobinischen Tell wurde der sansculottische Tell, der nicht nur für die natürlichen Freiheitsrechte, sondern auch für sozialrevolutionäre Veränderungen stand.[179] Helden wie Tell und Winkelried sowie Befreiungsgeschichten und der Rütlischwur waren auch die ständigen Begleiter der Demokratiebewegungen im 19. Jahrhundert. Die symbolisch aufgeladenen Mythologeme lieferten den politischen Kräften, die eine Erweiterung der Volksrechte anstrebten, eine wirkungsmächtige Argumentationshilfe.[180] Zwei Beispiele sollen dies illustrieren. Als 1831 die liberale Regierung dem Volk eine Repräsentativverfassung aufzwingen wollte, wehrte sich Felix Diogg, ein Vertreter der Demokraten, mit den Worten: «Muth ist der Nerv der Republik; Demokratie allein giebt Muth. Sollte eine repräsentative Verfassung geschmiedet werden, und wird die Akte bei uns in der Kirche verlesen, so trete ich zum Altare,

---

179 Zur Bedeutung Tells während der Zeit der Französischen Revolution vgl. Ricco Labhardt: Tells revolutionäre und politische Maskeraden, in: Lilly Stunzi (Hg.), Tell. Werden und Wandern eines Mythos, Bern, Stuttgart 1973, S. 89–106, bes. S. 90–100.

180 Silvia Serena Tschopp, Politische Systembildung aus dem Geist der Geschichte. Zu den kulturellen Wurzeln der direkten Demokratie in der Schweiz, in: Jahrbuch für direkte Demokratie, Baden-Baden 2012, S. 41–64, bes. S. 51, 61 und 63.

reisse sie dem Kreisammann aus den Händen und trete sie mit Füssen. Nur das demokratische Prinzip hat Winkelriede gezeugt, alles andere ist ein Schritt zur Monarchie, dann mögen die Berge über und zusammenfallen.»[181] Neben dem Rekurs auf Heldengeschichten wird auch auf die eidgenössische Befreiungstradition und den Rütlischwur verwiesen. Der Politiker und Publizist Friedrich Scheuchzer zieht 1867 eine Kontinuitätslinie zwischen der Versammlung auf dem Rütli, bei der die Vertreter des Volkes getagt hätten und den als Landsgemeinden bezeichneten Volksversammlungen der Demokraten.[182] Durch diese Assoziation werden Rütlischwur und Landsgemeindetradition argumentatorisch verknüpft und die Gründungsgeschichte der Eidgenossenschaft wird in eine versammlungsdemokratische Traditionslinie hineingestellt.

5.9 Mythos Landsgemeinde und Veto: Zur Instrumentalisierung zweier politischer Referenzmodelle

Zur Protestkultur der Demokratiebewegungen gehörten spontane Versammlungen, die als Landsgemeinden oder Volkstage bezeichnet wurden und die politische Neuorganisation von Gebieten als selbständige Republiken auf versammlungsdemokratischer Basis. Diese Attraktivität eines vormodernen Modells der Politikgestaltung im späten 18. und frühen 19. Jahrhundert ist erklärungsbedürftig, zumal die Mängel wie fehlende Gewaltentrennung, der privilegierte Zugang zur Landsgemeinde und das fehlende Wahl- und Stimmgeheimnis im Licht der zeitgenössi-

181 Verhandlungen des Verfassungsrathes vom Schweizerkanton St. Gallen, S.34.

182 Weinmann, Eine andere Bürgergesellschaft, S. 327; vgl. auch Tschopp, Systembildung aus dem Geist der Geschichte, S. 58

schen Naturrechtsdiskussion bereits offensichtlich waren. Im Unterschied zur älteren Geschichtsschreibung, die dieses Faktum kaum hinterfragt oder auf quasi magische Anziehungskraft dieser urdemokratischen Institution zurückführt, sollen hier an einigen Beispielen die kontextuellen Hintergründe untersucht und die konkreten Gründe für die Favorisierung dieses Modells benannt werden. Eine Zusammenstellung von Unruhen, deren Träger sich auf das Landsgemeindemodell beriefen, soll als Basis dienen:

Städtische Untertanengebiete

1790 Hallau
Untertanengebiet der Stadt Schaffhausen:
Berufung auf die Katholischen und die in Bündten.
(Innerschweizer Landsgemeindeorte, Gerichtsgemeinden in den drei Bünden)
Gründe: Abgabenfreiheit, mehr Autonomie

Oktober 1802 Horgen
ehemaliges Untertanengebiet der Stadt Zürich:
Anschlussversuch an den Landsgemeindeort Schwyz
Gründe: Restaurationsversuch der städtischen Herrschaft, Zerfall der Helvetischen Republik

Untertanengebiet eines Landsgemeindeortes

1798 Ausserschwyz
Gleichstellung mit den altgefryten Landleuten
Gründe: Berufung auf Naturrecht (neue Freiheit) /Obrigkeit macht nur widerwillig Zugeständnisse. Sie interpretiert dies als landesherrlichen Akt und herrschaftlich gewährtes Privileg, um einer naturrechtlichen Legitimation dieses Schritts entgegenzuwirken

Gemeine Herrschaften

Frühling 1798 Rheintal

Gemeine Herrschaft von sieben Orten verwaltet:

Gründe: Neukonstitution als Republik auf versammlungsdemokratischer Grundlage, Ablehnung der helvetischen Einheitsverfassung

August 1802 Thurgau

ehemalige gemeine Herrschaft:

Gründe: Zerfall der Helvetischen Republik. Drohende Restauration der alten Ordnung/ «Landsgemeinde-Wuth»

Untertanengebiete eines Zugewandten Ortes

1795 Fürstenland

Untertanengebiet des Fürstabts des Klosters St. Gallen:

Gründe: Opposition gegen Herrschaft des Klosters St. Gallen, Forderung nach Selbstverwaltung

Resultat: Zugeständnisse des Abts, nach einem Jahr durch seinen Nachfolger rückgängig gemacht

1798 Toggenburg

Untertanengebiet des Fürstabts des Klosters St. Gallen:

«Freigemeinden», Berufung auf Basel, Befreiung von äbtischer Herrschaft (legitimiert mit neuer Freiheit)

Oktober 1802 Toggenburg

ehemaliges Untertanengebiet des Fürstabts

des Klosters St. Gallen:

Gründe: Zerfall der Helvetischen Republik, drohende Restauration der alten Ordnung, Berufung auf Landsgemeindetradition aber Distanzierung vom religiösen Zeremoniell

Mai 1814 Sarganserland
Gründe: Machtvakuum, Ausserkraftsetzung der Mediationsverfassung, Restauration der alten Ordnung
Forderung: Anschluss an Glarus oder Graubünden

1831 Kanton St. Gallen
Gründe: Opposition gegen die von den Liberalen vorgesehene Repräsentativverfassung
Resultat: Realisierung des ersten Vetos

In allen diesen Unruhen dient das Landsgemeindemodell als politisches Referenzmodell. Betroffen sind Gebiete mit Untertanenstatus oder schlechterer Rechtsstellung. Die Berufung auf das Landsgemeindemodell verspricht erweiterte Partizipationschancen, neue Entfaltungs- und Gestaltungmöglichkeiten und geringere finanzielle Belastungen. Diese Forderungen sprengen die alte Ordnung und können nicht mit positivem Recht, das heisst altrechtlich, sondern nur naturrechtlich begründet werden. Die Französische Revolution ermutigt die Akteure, die bestehende Ordnung zu hinterfragen und Druck auf die intransigenten Obrigkeiten auszuüben, um die Herrschaft zu Zugeständnissen zu zwingen. Beispiele sind die Unruhen in Hallau 1790 und im Fürstenland 1795.[183] Der Widerspruch zwischen der Freiheit als gruppenspezifischem Privileg und Freiheit als universalistischem Prinzip zeigt sich nicht nur in städtischen Untertanengebieten und gemeinen Herrschaften, sondern auch Landsgemeideorten wie etwa Schwyz im Frühling 1798. Träger der Bewegung sind Bevölkerungsteile mit schlechterer Rechtsstellung. Die Bevölkerung von Ausserschwyz (Landschaften: Uznach, Gaster, Küssnacht, March) aber auch die Beisassen in der alten Landschaft

183 Vgl. Graber, Demokratie und Revolten, S. 40–42.

fordert die Gleichstellung mit den privilegierten «altgefryten Landleuten». Angesichts der prekären politischen Lage und dem Vorrücken der französischen Heere sieht die Obrigkeit ein, dass Zugeständnisse unvermeidlich sind. Indem es ihr gelingt, die Gleichstellung als landesherrlichen Akt darzustellen, das heisst als ein für besondere Leistungen gewährtes, herrschaftliches Zugeständnis, kann sie das alte Freiheitsverständnis in die neue Zeit hinüberretten. Diese Argumentationsweise verfängt sogar teilweise bei den Untertanen, indem die Gesuchsteller diese Sprachregelung übernehmen. So verzichten etwa die Landschaften Uznach und Gaster auf eine explizit naturrechtliche Herleitung ihrer Gleichstellungsforderung, während die Bevölkerung von Küssnacht und der March mit dem neuen Freiheitsbegriff argumentiert.[184] In den bereits befreiten Untertanengebieten, den ehemaligen gemeinen Herrschaften, geht es in der Phase des Zusammenbruchs der alten Ordnung im Frühling 1798 jedoch nicht mehr um Konzessionen der alten Herrschaftsträger, sondern um Neugestaltung der politischen Ordnung, wobei das Landsgemeindemodell Experimentalcharakter erhält. Auf der Suche nach Alternativen zur vorgeschlagenen Einheitsverfassung ist es naheliegend, dass sich die befreiten Gebiete, zum Beispiel das Rheintal oder Sargans, an benachbarten Landsgemeinden wie den beiden Appenzell oder Glarus orientieren, um sich eine eigene Ordnung geben. Ebenfalls auf dieses Modell berufen sich die Träger der Unruhen in der Zeit der Staatsstreiche und des Zerfalls der helvetischen Ordnung. Die als «Landsgemeindefieber» und «Landsgemeindewut» bezeichneten Bewegungen in verschiedenen Gebieten der Ostschweiz (Thurgau, St. Gallen) im Jahr 1802 sind defensiv und gegen die drohende Wiederherstellung

184 Vgl. Adler, Die Entstehung der direkten Demokratie. Das Beispiel der Landsgemeinde Schwyz 1789–1866, S. 48–67.

der alten Ordnung gerichtet.[185] Als sich das Scheitern des Projekts Helvetik abzeichnet und durch die Parteikämpfe zwischen Föderalisten und Unitariern ein Machtvakuum entsteht, mutiert das mit utopischen Elementen angereicherte Landsgemeindemodell zu einer basisdemokratischen Variante prohelvetischer Politik.[186] Eine ähnliche Stossrichtung haben die Bewegungen von 1814 in den Grenzgebieten des Kanton St. Gallen. Sie versuchten das durch den Zusammenbruch des napoleonischen Imperiums entstandene Machtvakuum auszunützen und zugleich der drohenden Restauration im Kanton zu entgehen. Als Alternative erwägen sie einen Anschluss an benachbarte Landsgemeindeorte: Das Sarganserland will sich Glarus anschliessen und die Landschaft Uznach dem benachbarten Schwyz. Die Intervention eidgenössischer Truppen setzt der Bewegung ein jähes Ende. Die Beispiele zeigen, dass hinter der Instrumentalisierung des Landsgemeindemodells unterschiedliche politische Motive und Ziele stehen, die zuerst im situativen Kontext des Einzelfalls entschlüsselt werden müssen. In die Berufung auf die Landsgemeinde lassen sich verschiedene politische Wunschvorstellungen unterbringen.

Obwohl die Bewegungen zur Realisierung einer «reinen Demokratie» von 1798, 1802 und 1814 scheitern, bleiben sie in der kollektiven Erinnerung präsent und spielen in der beginnenden Regenerationszeit erneut eine Rolle.[187] Der akkumulierte «Erfahrungsschatz»[188] prägt auch das Protestverhalten der Akteure von 1830. Nach dem Sturz der Restaurationsregierung stehen sich im neu gewählten St. Galler Verfassungsrat zwei Lager gegenüber.

185 Vgl. Graber, Demokratie und Revolten, S. 45–47.

186 Ebd. S. 47.

187 Vgl. dazu die Übersicht in Wickli, Politische Kultur und reine Demokratie. S. 35–78.

188 Zur Bedeutung der «Erfahrung» als Analysekategorie vgl. Paul Münch (Hg), «Erfahrung» als Kategorie der Frühneuzeitgeschichte (Historische Zeitschrift, Neue Folge, Beihefte, Bd. 31), München 2001.

Die Vertreter der Liberalen sowie die Wirtschafts- und Bildungselite bevorzugen ein Repräsentativsystem, während die Vertreter der ländlichen Bevölkerung eine erweiterte Mitbestimmung des Volks verlangen, die sich nicht nur auf Wahlen beschränkt. Diese als Demokraten oder «Demokrätler» bezeichneten Vertreter legitimieren ihre Forderung mit dem Rekurs auf das Landsgemeindemodell. Die heftig geführten Auseinandersetzungen führen schliesslich zu einer Kompromisslösung in Form eines Einspruchsrechtes des Volkes gegen neue Gesetze. Damit ist im Kanton St. Gallen das erste Veto realisiert, das zum Vorbild für Verfassungsbewegungen in anderen Kantonen wird.[189] Anstatt der vormodernen Landsgemeinde als politisches Referenzmodell steht mit dem Veto ein modernes Modell der Politikgestaltung zur Verfügung. Gleichwohl spielt die Erinnerung an diese Institution für die Demokratiebewegungen weiterhin eine wichtige Rolle.[190] Wie Wilhelm Tell wird die Landsgemeinde zu einem vielseitig instrumentalisierbaren Mythos und zum lieux de mémoire,[191] die bis in die Gegenwart nachwirken. Grundsätzlich tragen alle diese Rekurse auf das Landsgemeindemodell dazu bei,

189 Vgl. Wickli, Politische Kultur und «reine Demokratie», S. 68–78.

190 Zur Verfassungs- und Rechtsgeschichte der Landsgemeinde immer noch die älteren Arbeiten Johann Jakob Blumer, Staats- und Rechtsgeschichte der schweizerischen Demokratien und Kantone: Uri, Schwyz, Unterwalden, Glarus, Zug, Appenzell, 2 Bände, St. Gallen 1850–1859; F. Wyss, Die Schweizerischen Landsgemeinden, in: Zeitschrift für schweizerisches Recht, Nr. 1 (1852); Heinrich Ryffel, Die schweizerischen Landsgemeinden, Zürich 1903; Louis Carlen, Die Landsgemeinde in der Schweiz. Schule der Demokratie, Sigmaringen 1976; Silvano Möckli, Die schweizerischen Landsgemeinde Demokratien, in: Staat und Politik 34, S. 65–79. Zur religiösen Prägung Fabian Brändle, Die gottgewollte Demokratie. Sakrale Politik in den katholischen Landsgemeinden 1500–1798, in Schweizerische Zeitschrift für Religions- und Kulturgeschichte, Jg.105 (2011), S. 435–472.

191 Zu dieser Funktion vgl. Art. Landsgemeinde, in: Georg Kreis, Schweizer Erinnerungsorte. Aus dem Speicher der Swissness, Zürich 2010, S. 25–35.

dass in der Schweiz die politische Meinungsbildung und Entscheidungsfindung einen «deliberativen» Charakter annimmt.[192]

5.10 Mobilisierungsstrategien und Medien der Demokratiebewegungen: Ambivalente Rolle der Volksbildung und Volksaufklärung

Neben dem Rückgriff auf den Mythenbestand und auf politische Referenzmodelle wie Landsgemeinde sowie alte oder neue Gemeindefreiheit sind auch besondere Formen der Massenmobilisierung zu beobachten. Während für die liberalen Bewegungen die Zeitungen zum wichtigsten Kommunikationsmedium werden, sind für die demokratische Opposition vor allem Flugblätter, politische Pamphlete aber auch Bilder und Lieder wichtig.

Um die unteren Gesellschaftsschichten zu erreichen, wird an Kommunikations- und Interaktionsformen der Volksaufklärung angeknüpft. Ein Beispiel ist die Bauernaufklärung in Dialogform. Schon die von republikanischen Idealen beseelte politische Jugendbewegung in Zürich setzt 1766 auf diese Variante. In dem vom Theologiestudenten Christoph Heinrich Müller verfassten «Bauerngespräch» diskutieren ein Herr, ein Untervogt und ein Bauer über einen allfälligen Einsatz von Zürcher Truppen in Genf zur Durchsetzung der einseitig ausgefallenen «Mediation». Im Unterschied zu den von der patriarchalischen Volksaufklärung inspirierten Bauerngesprächen obsiegt am Schluss nicht die Mei-

192 Zum Begriff vgl. Jürgen Habermas, Drei normative Modelle der Demokratie, in: Herfried Münkler (Hg.), Die Chancen der Freiheit. Grundprobleme der Demokratie, München, Zürich 1992, S. 11–24. Habermas betont die Anbindung der Demokratie an den öffentlichen Diskurs unter Idealbedingungen einer herrschaftsfreien Kommunikation. Grundvoraussetzungen sind die Partizipation an der Beratschlagung und die Inklusion der Betroffenen.

nung des Herrschaftsvertreters, sondern diejenige des Bauern, indem dieser für die benachteiligten Bürger in Genf Partei ergreift. Er betont, dass «die Genfer, wie die Zürcher Anno 1712, ihr Regiment anordnen [könnten] wie sie woll[t]en» und meint zum Militäreinsatz: «Wanns so ist, so soll man mich eher zu Riemli zerhacken, ehe ich gen Genf ein Fuss lupfe.»[193] Damit wird ein Instrument der aufgeklärt-patriarchalischen Herrschaftstechnik bewusst umfunktioniert.[194] Es wird zur Waffe der Kritik und entlarvt den Patriarchalismus als Herrschaft. Politische Propaganda in Dialogform gelangt auch 1830 in Zürich wieder zu Anwendung, als es darum geht, der Landbevölkerung den Vertretungsanspruch des Landes gegenüber der Stadt und die Prinzipien der Repräsentativverfassung zu erklären. Insgesamt sind drei Gespräche, zwei fingierte Dialoge und Gespräche eines Landarztes anlässlich von Patientenbesuchen überliefert. Das erste in 6000 Exemplaren verbreitete Pamphlet – ein Dialog zwischen dem vermögenden Konrad und dem aus einfachen Verhältnissen stammenden Jakob – versucht, eine schichtübergreifende Solidarität innerhalb der Landbevölkerung herzustellen und die Kluft zwischen reichen und ärmeren Landbewohnern zu überwinden. Der zweite Dialog zwischen Jonathan und David ist zusammen mit der Einladung zum Volkstag von Uster verteilt worden und verweist auf die Unterdrückungsgeschichte der Landschaft. Zudem enthält er Hinweise auf die Bewegungen in anderen Kantonen.

193 Gespräch zwischen einem Baur, einem Undervogt und einem Herren, als es schien, es müsse Volk gen Genff ziehen, um die Mediation vom 15. Dezember 1766 zu belieben; zit. nach Graber, Wege zur direkten Demokratie in der Schweiz, S. 95–97, bes. S. 97; zum Kontext vgl. Graber, Öffentlichkeit, S. 90 f.

194 Zur Bedeutung der Bauerngespräche im alten Zürich vgl. Rolf Graber, Die Züricher Bauerngespräche: Innovation der Volksaufklärung oder Instrument der Herrschaftssicherung, in: Hanno Schmidt, Holger Böning, Werner Greiling, Reinhart Siegert (Hg.), Die Entdeckung von Volk, Erziehung und Ökonomie im europäischen Netzwerk der Aufklärung, Bremen 2011, S.43–58.

Besonders betont wird die Forderung, dass die Verfassung dem Volk als «Ursouverän» vorgelegt werden müsse.[195] Das dritte Lehrgespräch verfolgt das Ziel, der breiten Bevölkerung die abstrakt klingenden liberalen Forderungen zu vermitteln. Bei seinen Krankenbesuchen trifft der Arzt Dr. Freimann auf Personen aus den unteren Gesellschaftsschichten wie Weber, Kleinbauern, Professionisten und Krämer. Diese beklagen sich über die unverständliche Sprache und über die komplizierte Begrifflichkeit der liberalen Mobilisierungstexte. Indem er der einfachen Bevölkerung diese Begriffe erklärt, versucht er auch Vorbehalte der ärmeren Landbewohner gegenüber der ländlichen Wirtschafts- und Bildungselite zu entkräften und diesen zu zeigen, dass sie von einer besseren Vertretung der Landschaft auch profitieren würden.[196] Ähnlich wie bei den «Bauerngesprächen» geht es um Volksaufklärung aus elitärer Sicht. «Alles für das Volk, nichts [oder so wenig als möglich] durch das Volk»,[197] ist die Devise der Liberalen. Diese patriarchalische Dimension lässt sich an einer Textpassage aus dem Gespräch mit Dr. Freimann verdeutlichen. Als Heiri, überzeugt von den Ausführungen des Arztes, begeistert ausruft: «Herr Doktor! zählt auf unsere und jedes rechtlichen Mannes Hülfe, wenn solche nöthig ist. Ruft uns, sei es Tag und Nacht, und wir werden Euch wie einem Vater folgen.» Sofort bekräftigen die anderen Gesprächsteilnehmer diese Aussage: «Schön Heiri! Das ist ganz aus unserm Herzen gesprochen, nur hättest Du sagen sollen: wie einem lieben und

---

195 Der Begriff «Ursouverän» kommt im Gespräch von Dr. Freimann von Bürgerhein mit Personen aus den unteren Gesellschaftsschichten vor.

196 Zum Inhalt der Gespräche vgl. die ausführliche Analyse von Weinmann, Eine andere Bürgergesellschaft, S. 167–175; für die Originaltexte vgl. Graber, Wege zur direkten Demokratie in der Schweiz, S. 234–249.

197 Diese Äusserung stammt vom St. Galler Staatsmann und Politiker Gallus Jakob Baumgartner, der am Anfang seiner politischen Laufbahn stark vom liberalen Gedankengut beeinflusst war.

guten Vater.»[198] Die tatsächliche Rezeption dieser Lehrgespräche durch die breite Bevölkerung entspricht jedoch kaum diesem Wunschbild des Verfassers. Deren Wirkung ist nämlich ambivalent: Einerseits tragen sie zur Horizonterweiterung bei, indem sie staatstheoretische Begriffe didaktisch geschickt erklären, andrerseits lösen sie bei der breiten Bevölkerung kritische Fragen und autonome Lernprozesse aus. Da die Flugschriften in Wirtshäusern aufliegen, werden sie zum Diskussionsgegenstand. Begriffe wie Volkssouveränität oder Volksfreiheit werden eigenständig interpretiert. Die Rede vom Volk als «Ursouverän», die an versammlungsdemokratische Modelle anknüpft, weckt erweiterte Mitbestimmungsambitionen der unteren Gesellschaftsschichten, die den politischen Vorstellungen der liberalen Eliten diametral widersprechen.[199] In den Vetobewegungen 1839-1841 wird das Lehrgespräch sogar von konservativ-demokratischen Kreisen verwendet, die eine Erweiterung der Volksrechte anstreben. Ein Beispiel ist ein «Patriotisches Gespräch zwischen einem freiheitsliebenden Bürger des Kantons St. Gallen und einem Luzerner Landmann» das in Solothurn verbreitet wird.[200] Es ist gegen die selbstherrliche Regierung der Liberalen gerichtet und postuliert eine Mitbestimmung des Volkes in Form eines Vetos.[201]

198 Gespräch (Herr Dr. Freimann von Bürgerhein 1830), zit. nach Graber, Wege zur direkten Demokratie in der Schweiz, S. 243–249, bes. S. 245.

199 Graber, Demokratie und Revolten, S. 75 f.

200 Hinweis bei Kaiser, Die Solothurner Verfassungsrevision von 1840/41, S. 428; Martin Disteli, Bilderkalender für das Jahr 1842; Schildwache am Jura, Nr. 93, 25. November 1840.

201 Überblicksdarstellungen zur Vetobewegung im Kanton Solothurn, Baumgartner, Die Schweiz in ihren Kämpfen und Umgestaltungen von 1830–1850, S. 414–427; Ferdinand von Arx, Die Regeneration im Kanton Solothurn., in: Ders. (Hg.), Bilder aus der Solothurner Geschichte. Zusammengestellt und herausgegeben vom Historischen Verein des Kantons Solothurn, Bd. 2, Solothurn 1939, S. 454–504; ferner Graber, Demokratie und Revolten, S. 106–111.

Neben diesen Flugschriften in Dialogform sind die 1866 erschienenen Pamphlete des Juristen Friedrich Locher die wohl originellsten Beiträge. Dieser wird nach dem Scheitern seiner Beamtenkarriere zum schärfsten Kritiker des liberalen «Systems Escher». Seine Streitschriften tragen wesentlich zur Mobilisierung einer Volksbewegung bei, die zum Sturz des Industriemagnaten Alfred Escher und der liberalen Machtelite führt. Damit ist der Weg für die Einführung direktdemokratischer Rechte wie Gesetzesinitiative, einem obligatorischen Finanz- und Gesetzesreferendum sowie der Volkswahl der Regierungs- und Ständeräte frei.[202] Die unter dem Titel «Die Freiherren von Regensberg» veröffentlichten sieben Broschüren erreichen nach unbestätigten Angaben eine Auflagenzahl von 30 000 Stück. Locher kritisiert Missstände in Verwaltung und Justiz.[203] Er liefert der demokratischen Bewegung die politischen Schlagworte. Angeklagt werden «die Freiherren der Gegenwart» und ihre Selbstsucht und Geldgier. Seine «perfiden Skandalgeschichten»,[204] die teilweise bereits den modernen Boulevard- und Enthüllungsjournalismus vorwegnehmen, sprechen eine breite Leserschaft an. Die erste der sieben Broschüren ist innerhalb von fünf Tagen vergriffen. Die Verbreitung der Schriften beschränkt sich nicht nur auf den Kanton Zürich, sondern reicht bis in den süddeutschen Raum. Ein neuerer Pressebeitrag, mit dem sich Locher in den Kontext der Populismusdebatte stellt, enthält interessante Details zur Rezeption der Schmähschriften: «Erregt von der Lektüre vergessen Dienstbo-

202 Zur demokratischen Bewegung im Kanton Zürich: Schaffner, Die demokratische Bewegung.

203 Vgl. Graber, Wege zur direkten Demokratie in der Schweiz. Eine kommentierte Quellenauswahl von der Frühneuzeit bis 1874, S.429.

204 Zum Begriff: Karl Dändliker, Geschichte des Kantons Zürich, Bd. 3, S. 375; Hans Conrad Peyer erweitert diese Einschätzung und spricht von «brillant-perfiden» Flugschriften. Vgl. Hans Conrad Peyer, Die Verfassungsrevision von 1869 und ihre Geschichte, in Zürcher Taschenbuch, Neue Folge, Nr. 90 (1970), S 48- 64, bes. S. 51.

ten, Mägde und Kutscher ihre Arbeit. In den Kneipen lassen die Zürcher sogar ihren Jass liegen. Lochers Konterfei hängt in den Werkstätten von Schneidern und Schuhmachern. Die Bildunterschrift lautet ‹nieder mit dem Respekt.›»[205] Diese Breitenwirkung ist erstaunlich, da die Broschüren mit 60 bis 180 Seiten recht umfangreich sind und mit ihren allegorischen Einkleidungen sowie den gelehrten Anspielungen hohe Anforderungen an die Leserschaft stellen.[206] Die Faszinationskraft für die Unterschichten besteht aber wohl eher in der Skandalisierung und in der schonungslosen Demaskierung der politischen Eliten. Damit kann die breite Bevölkerung emotional abgeholt werden. Durch die Reduktion des Konflikts auf die einprägsame Formel «Volk gegen Herren» entfalten die Pamphlete eine Breitenwirkung.[207] Deshalb sollte der Fokus noch auf weitere Formen der emotionalen Mobilisierung und Modellierung der Demokratiebewegungen gerichtet werden. Im Zusammenhang mit der Revisionsbewegung im Kanton Solothurn vom März 1856 gibt es Hinweise auf spezielles Liedgut, das bei öffentlichen Demonstrationen, an Versammlungen und anlässlich von öffentlichen Auszügen gesungen wurde. Arthur Majonnier erwähnt «Eine Lied von 1856» ein «Marschlied der Revisiönler» und zwei «Vetolieder», die zur Melodie

205 Zit. nach Lucien Scherrer, Das Ungeheuer, Friedrich Locher (1820–1911) hat die Methoden moderner Populisten vorweggenommen – und wurde dafür innig gehasst, in: NZZ vom 25 Juli 2017, S. 17; zur Rolle Lochers in der demokratischen Bewegung vgl. auch Marc Tribelhorn, Der Sturz der Eliten, in: NZZ Geschichte, Sonderausgabe, April 2018, S. 40–46, bes. S. 41.

206 Zu dieser Einschätzung vgl. Karl Bernhard (Hg.), Zürcher Mercuriositäten, Beitrag Nr. 62: Friedrich Locher schleudert Blitze und Merkur warnt, S. 128–130, bes. S. 129.

207 Vgl. Martin Schaffner, «Volk» gegen «Herren». Konfliktverhalten und kollektives Bewusstsein in der Demokratischen Bewegung, in: François de Capitani, Georg Germann (Hg.), Auf dem Weg zu einer schweizerischen Identität 1848–1914. Probleme – Errungenschaften – Misserfolge (8. Kolloquium der Schweizerischen Akademie der Geisteswissenshaften), Freiburg 1987, S 39–52.

des «guten Kameraden» gesungen worden seien.[208] Nebst diesen verbalen Agitationsformen wird auch von symbolischen Inszenierungen berichtet, die ans lokale Fastnachtsbrauchtum anknüpfen wie eine geplante symbolische Bestattung der liberalen Regierung.[209] Eine vertiefte Analyse dieser verschiedenen Formen der Massenmobilisierung ist ein wichtiges Forschungsdesiderat.

5. 11 Protestformen im Wandel: Nationale Prägung, internationale Kontextualisierung

Neben spontanen Versammlungen gehörten landsturmähnliche Prügelzüge zu den wichtigsten Manifestationsformen der Demokratiebewegungen. Durch die spezifische Symbolik (alte Schweizertrachten und Tellfiguren) erhalten sie eine spezifisch nationale Prägung. Gleichwohl ist es wichtig, diese Manifestationsformen ins breite Repertoire der Widerstandsmuster einzuordnen, die von der internationalen Unruhen- und Protestforschung beschrieben worden sind. Dabei ist zu beachten, dass die Demokratiebewegungen in einen Zeitabschnitt fallen, in dem sich die Protestformen, -ziele und -motive sowie die Legitimationsmuster qualitativ zu verändern beginnen.[210] Dieser Zeitabschnitt, der von der helvetischen Revolution (1798) bis zur Bundesstaatsgründung (1848) reicht, bildet nicht nur durch fachspezifische Trennung der Forschungsbereiche Früh-

208 Arthur Majonnier, Die Solothurnische Verfassungsreform des Jahres 1856, Diss. phil. I, Zürich, Solothurn 1929, S. 90.

209 Ebd. S.117.

210 Zu den Protestformen in dieser Übergangszeit, Graber, Soziale Protestbewegungen (Restauration und Vormärz), in: Helmut Reinalter (Hg.), Handbuch zur Geschichte der demokratischen Bewegungen in Zentraleuropa. Von der Spätaufklärung zur Revolution 1848/49. (Schriftenreihe der Forschungsstelle Demokratische Bewegungen in Mitteleuropa 1770–1850, Bd. 44), Frankfurt a. M. 2012, S. 223–245.

und Spätneuzeit eine Epochengrenze, sondern auch im Hinblick auf zwei Zugangswege zum Forschungsgegenstand, nämlich der Erforschung bäuerlicher Unruhen und der Sozialprotestforschung.[211] Deshalb ist es wichtig, ausgehend von den Resultaten dieser beiden Forschungsrichtungen, die epochenspezifische Besonderheit der Manifestationsformen des Protests in dieser Übergangszeit herauszuarbeiten.[212] Dies kann nur durch einen mikroanalytischen Zugriff, in Form lokaler Fallstudien geschehen. Dabei ist zu beachten, dass traditionelle Protestformen immer wieder zitiert und modifiziert werden.[213] Sie erfahren eine Neuinterpretation und werden mit neuen Inhalten verknüpft. Wolfgang Kaschuba hat auf die sich schon im 18. Jahrhundert abzeichnende Verflüssigung von Kernbeständen der «Volkskultur» hingewiesen und dafür den griffigen Begriff «Dynamik der Tradition» verwendet. Indem nicht nur bei der Elitekultur, sondern auch bei populären Kulturmustern ein Prozess der aktiven Verarbeitung von Erfahrungen und Erwartungen beobachtet werden kann, erfährt das volkstümliche Brauchtum eine Art «innere Modernisierung» im Sinne eines Funktions- und Bedeutungswandels.[214] An drei Manifestationsformen lässt sich diese Entwicklung besonders gut aufzeigen: An den landsturmähnlichen Prügelzügen, den Charivaris und dem Strassenpro-

211 Graber, Zeit des Teilens, S. 52–54.

212 Helmut Berding (Hg.), Soziale Unruhen während der Französischen Revolution, (Geschichte und Gesellschaft, Sonderheft 12, 1988), S. 7 f.

213 Eibach, Cottier, Popular Protest in Switzerland during the 1830s. Opposing models of political partizipation and citation of traditional ritual, S. 1011–1030.

214 Wolfgang Kaschuba, Ritual und Fest. Das Volk auf der Strasse. Figurationen und Funktionen populärer Öffentlichkeit zwischen Frühneuzeit und Moderne, in: Richard van Dülmen (Hg.), Dynamik der Tradition (Studien zur historischen Kulturforschung, Bd. 4), Frankfurt a. M. 1992, S. 240–267, bes. 242 f. und 266 f.; allgemein zur oszillierenden Gestalt traditionaler Protestformen in der Übergangszeit vgl. ders., Lebenswelt und Kultur der unterbürgerlichen Schichten im 19. und 20. Jahrhundert (Enzyklopädie Deutscher Geschichte, Bd. 5), München 1990, S. 120–125.

test.[215] An diesen drei Beispielen sollen die epochenspezifische Entwicklungsdynamik und das Spannungsfeld von nationaler Prägung und erweitertem Orientierungsrahmen sichtbar gemacht werden.

Die mikroanalytisch orientierte neuere Protestforschung geht von der Vorstellung aus, dass dem Protestverhalten der Unterschichten eine bestimmte Rationalität zugrunde liegt, die als «soziale Logik» rekonstruierbar ist. In Weiterführung und Präzisierung des Ansatzes von Eduard Thompson definiert Dieter Groh diese «soziale Logik» als Regelwerk mit handlungsorientierenden Normen und verhaltensleitenden Werten, die jeweils in einem spezifischen historischen und sozialen Kontext, einem kulturellen Milieu Geltung haben.[216] Die Kombination von gesellschaftlich sanktionierten Normen und nicht diskursfähigen Traditionsbeständen macht ihre spezifische Rationalität aus. An einem Protestritual, das von 1798 bis 1839 immer wieder zu beobachten ist, lässt sich diese Vielschichtigkeit besonders eindrücklich aufzeigen, nämlich an den im Kontext der Gewaltdiskussion erwähnten Landstürmen und Prügelzügen. Diese sind ein Phänomen frühneuzeitlicher Widerstandskultur, erfahren aber eine Art innerer Modernisierung. Sie können als symbolische Antwort auf die ökonomische und politische Modernisierung und deren gesellschaftliche Auswirkungen interpretiert werden. Hölzerne Prügel wirken als martialische Drohgebärde, haben jedoch nicht das Gewaltpotential moderner Handfeuerwaffen, zumal ihnen eher magische Kraft zugeschrieben wird. Durch die Teilnahme

215 Für spezifische Hinweise zu diesen Protestformen vgl. Graber, Soziale Protestbewegungen (Restauration und Vormärz), in: Reinalter (Hg.), Handbuch zur Geschichte der demokratischen Bewegungen in Zentraleuropa, S. 223–245, bes. S.228–233.

216 Dieter Groh, Ethnologie als Universalwissenschaft in: Merkur 36 (1982), Nr. 414, S. 1217–1225, bes. 1218; der Aufsatz ist wieder abgedruckt in: Ders., Anthropologische Dimensionen der Geschichte, Frankfurt a. M. 1992 (Suhrkamp Taschenbuch Wissenschaft, 992), S. 42–53, bes. S. 43.

von Frauen, die mit leeren Säcken ausgerüstet sind, die durch Plünderung gefüllt werden sollten, stellen sie zugleich eine Art symbolische Sozialkritik dar, in der sich materielle und politische Anliegen verbinden: Umverteilung des gesellschaftlichen Reichtums und Mitwirkung an politischen Entscheidungen also Teilhabe im umfassenden Sinn.[217] Prügelzüge können sich allerdings auch gegen Aussenseiter und ethnische Minderheiten richten und Formen des «bad protest» annehmen.[218] Dieser ambivalente Charakter lässt sich an einer Protestbewegung aufzeigen, die in der älteren Geschichtsschreibung als Stecklikrieg bezeichnet wird. Durch den von Napoleon angeordneten Abzug der französischen Truppen gewinnen im Sommer 1802 die antihelvetisch-restaurativen Kräfte die Oberhand. Vertreter der alten Ratsoligarchien der Städte- und Landsgemeindeorte, die sich als Föderalisten bezeichnen, lösen einen Volksaufstand aus, der zum Sturz der helvetischen Regierung führt. Träger des Aufstands ist vor allem die ärmere Bevölkerung. Da die Aufständischen nur dürftig, mit hölzernen Knüppeln (sogenannten Stecken) bewaffnet sind, wird das Ereignis auch Stecklikrieg genannt. Vordergründig erscheinen die bewaffneten Volkshaufen als willige Werkzeuge der reaktionären Eliten und als Verführte, weil diese die wirtschaftliche Not und die Enttäuschung der Bevölkerung über die Helvetik für sich ausnützten. Ein genauerer Blick auf die Vorgänge im Aargau zeigt jedoch, dass die Aktionen dieser plebejischen Akteure einer Eigenlogik folgen, deren spezifische Rationalität entschlüsselt werden muss. Der Politiker und Volks-

217 Graber, Zeit des Teilens, S. 418–421.

218 Manfred Gailus, Was macht eigentlich die historische Protestforschung? Rückblicke, Resümee, Perspektiven, in: Mitteilungsblatt des Instituts für soziale Bewegungen, Heft 34 (2005), S. 127–154, bes. S. 147 f.; Beispiele sind etwa antijüdische Proteste im süddeutschen Raum. Vgl. Rainer Wirtz «Widersetzlichkeiten, Excesse, Crawalle, Tumulte, Skandale.» Soziale Bewegung und gewalthafter sozialer Protest in Baden 1815–1848 (Sozialgeschichtliche Bibliothek), Frankfurt a. M. 1981, S. 60–87.

aufklärer Heinrich Zschokke liefert in seinen autobiographischen Aufzeichnungen eine präzise Beschreibung der mit Mistgabeln und Sensen bewaffneten Akteure eines solchen Volkszuges. Er charakterisiert sie «als buntbewaffnete Horde [...] aus den untersten Klassen des Volks zusammengeschart, berauscht, jauchzend und johlend, Weiber und Kinder dazwischen mit Säcken und Körben, die durch Plünderung der Reichen gefüllt werden sollten.»[219] Zschokke ist nicht unbeteiligter Beobachter, sondern selbst Betroffener. Er muss befürchten, dass sein Wohnsitz, Schloss Biberstein, ebenfalls geplündert wird. Als Vertreter der prohelvetischen Bildungselite gerät er ins Visier der revoltierenden Volkshaufen. Diese dringen zwar ins Schloss ein, eine Plünderung kann er allerdings noch verhindern: «40 bis 50 [bewaffnete Bauern] waren immer in meinen Zimmern zerstreut, um sie zu besehen. Ich unterhielt mich freundschaftlich mit ihnen, man behandelte mich mit Achtung.»[220] Nicht verschont bleibt jedoch ein anderes Objekt der Begehrlichkeit, die Fabrik des helvetischen Politikers und Staatsmanns Johann Rudolf Dolder. Dieser gilt als Karrierist und Opportunist und ist deshalb bei der Bevölkerung nicht sonderlich beliebt. Den Unterschichten erscheint er als Profiteur der neuen Ordnung, der sagenhaften Reichtum angehäuft hat. Hinter dem vordergründig antihelvetischen Protest verbergen sich soziale Umverteilungsambitionen der unteren Schichten, die durch tiefer liegende Gerechtigkeitsvorstellungen einer «moralischen Ökonomie» geprägt sind und ein Existenzrecht der Armen einklagen. Gleichheit bedeutet für die plebejischen Akteure nicht nur Rechtsgleichheit, sondern auch materielle Gleichheit. Mit der helvetischen Revolution sind Erwartungen an eine Zeit des

219 Eine Selbstschau, zit. nach Werner Ort, Heinrich Zschokke, 1771–1848. Eine Biographie, Baden 2013, S. 385 f.

220 Zschokke an G. Lemme, Basel, 2:10.1802, STA (Staatsarchiv) AG, zit. nach Ort, Zschokke, S. 387 f.

Teilens verknüpft, dadurch enthalten die Revolten ein emanzipatorisches Potential. Neben dem schillernden Politiker Dolder gibt es jedoch noch andere Opfer der Ausschreitungen von 1802. Am 21. September überfällt ein Volkszug die jüdischen Gemeinden Lengnau und Endingen.[221] Betroffene Juden berichten darüber: «Eine Horde wilder Bauern, deren Zahl sich etwa auf 200 belief, drängte sich nachmittags 3 Uhr in unser Dorf, fing auf die hartherzigste, wildeste Art die Plünderung an, und bis zum Anbruch der Nacht waren wir fast ohne Ausnahme ausgeplündert. Alles, was ihnen unter die Hände kam, wurde zerschmettert. Kisten und Beschläge zerschlagen, Kaffee, Zucker, Spezereien zerstreut, der Wein ausgetrunken und das übrige in die Keller gelassen, oder auf den Gassen floss es herum.»[222] Im Gegensatz zu älteren Darstellungen, die die Plünderungen verharmlosen und als spontane Ausbrüche des Volkszorns oder als Begleiterscheinung der bürgerkriegsähnlichen Auseinandersetzungen interpretieren, gehen neuere Studien davon aus, dass der Überfall bewusst geplant war und die Akteure nicht einfach Verführte waren und irrational handelten. Zwar kann nachgewiesen werden, dass aristokratische Konterrevolutionäre wie der ehemalige Landvogt von Steiger und zwei Söhne der Schultheissenfamilie Frei in Brugg die Aktion beförderten, indem sie im Hintergrund als Drahtzieher wirkten. Es wird jedoch auch evident, dass die pogromartigen antijüdischen Ausschreitungen eine spezifische Logik aufweisen, die auf konkreten Erfahrungen und Deutungsmustern beruht. Die christliche Landbevölkerung betrachtete die Juden als Gewinner der helvetischen Ordnung. Mit der in der helvetischen Verfas-

221 Erika Hebeisen, Das Pogrom von 1802 im Surbtal. Eine antisemitische Revolte der christlichen Landbevölkerung, in: Christian Simon (Hg.), Widerstand und Proteste zur Zeit der Helvetik (Dossier Helvetik IV), Basel 1998, S. 233–247.

222 STA AG 9448, Über Plünderungen in Endingen, 8. November 1802, zit. nach Hebeisen, Das Pogrom im Surbtal, S. 233

sung eigeführten Handels- und Gewerbefreiheit, wurde nämlich die Position der jüdischen Händler gegenüber den Kleinbauern gestärkt. Durch rege Handelsbeziehungen waren viele Landbewohner bei den Juden hoch verschuldet und sahen diese als Schuldige für ihre missliche ökonomische Lage.[223] Dadurch wurde der ohnehin schon latent vorhandene Antijudaismus, der Bestandteil der Weltdeutung der christlichen Landbevölkerung war, noch verstärkt und nahm antisemitische Züge an. Da ein beträchtlicher Teil der Aargauer Landbevölkerung katholisch war, sind auch Parallelen zum traditionalen Widerstand in der Innerschweiz sichtbar. Eine spezifisch christlich-religiöse Weltdeutung, ein nicht auf Produktionssteigerung und Wachstum ausgerichtetes Wirtschaftsverhalten sowie ein fragmentiertes Raumverständnis prägten diese Unruhen.[224]

Eine Veränderung erfährt auch eine Protestform, die als Charivari, Katzenmusik oder Haberfeldtreiben bezeichnet wird. Diese Rügebräuche dienten ursprünglich der Wahrung der sittlich-moralischen Ordnung und der Regulierung des Heiratsmarktes. Sie zeichneten sich durch einen hohen Symbolgehalt und ein immanentes Gewaltpotential aus, das als Druckmittel und Drohgebärde eingesetzt wurde. Träger des Protests waren die ledigen Burschen des Dorfs, die Knabenschaften.[225] Schon in der Früh-

223 Ebd. S. 242–244.

224 Sandro Guzzi, Widerstand und Revolten gegen die Republik. Grundformen und Motive, in: Itinera, Fasc. 15: Helvetik – neue Ansätze (1993) S. 84–104; ders, Logik des traditionalistischen Aufstandes. Revolten gegen die Helvetische Republik (1798–1803), in: Historische Anthropologie. Kultur – Gesellschaft - Alltag, Jg. 9 (2001), Heft 2, S. 233–253.

225 Zum allgemeinen Kontext vgl. Edward P. Thompson, «Rough Music» oder englische Katzenmusik, in: Ders. Plebeische Kultur und moralische Ökonomie, S.131–168; Natalie Zemon Davis, The Reasons of Misrule, Youth Groups and Charivaris in Sixteenth-Century France, in: Past and Present 50 (1971), S. 41–75, für die Schweiz die ältere Arbeit von Eduard Hoffmann-Krayer, Knabenschaften und Volksjustiz in der Schweiz, in: Schweizerisches Archiv für Volkskunde 8 (1904/05), S. 81–99 und 161–168.

neuzeit konnten sich ihre Aktionen allerdings auch gegen oben richten. Ins Visier gerieten staatliche Beamte als Vollstrecker von Sozialdisziplinierungsmassnahmen. Die Knabenschaften waren nicht nur Wächter der dörflichen Ordnung, sondern auch Hüter der dörflichen Unordnung.[226] In der Umbruchzeit der Helvetik waren dann vermehrt Beamte, Vertreter der alten oder neuen Elite und politische Gegner Opfer der Strafaktionen. Die Proteste richteten sich gegen den Wiedereinzug der Zehnten und Grundzinsen sowie gegen restaurative Tendenzen in der Spätphase der Helvetik im Allgemeinen. Besonders die Pfarrer, die sich im antihelvetischen Widerstand profilierten, zogen den Zorn der Dorfbewohner und Dorfbewohnerinnen auf sich. Ein Beispiel sind die Ereignisse in der Gemeinde Wald im Winter 1801. Pfarrer Bernhard Meyer wurde Opfer einer nächtlichen Protestaktion, bei der ledige Knaben den guten Namen des Pfarrers vor seinem Hause «mit tierischen Stimmen, in ärgerlich ungezogensten Reimen, die jedes gesittete Ohr empören mussten,» verunglimpfen.[227] Anhand weiterer knabenschaftlicher Aktionen im Distrikt Wald kann gezeigt werden, dass diese mit Billigung der prohelvetisch gesinnten Gemeindevorgesetzten geschahen. Der ebenfalls betroffene Landrichter Krauer berichtet, «dass die Knaben sich auch vom Gericht begünstigt und gedeckt glauben, weil man ihr zügelloses Leben immer ungeahndet hingehen lässt und wohl einige Vorsteher mehr Freud als Hemmung zeigen; auch solche Nachtschwärmer jede Sonntagnacht und bei anderen Anlässen im Wirtshaus zum «Ochsen» die ganz Nacht zum schwelgen immer

226 Norbert Schindler, Die Hüter der Unordnung. Rituale der Jugendkultur in der frühen Neuzeit, in Giovanni Levi, Jean-Claude Schmidt (Hg.), Geschichte der Jugend, Bd. 1: Von der Antike zum Absolutismus, Frankfurt a. M. 1996, S. 319–382.

227 Zit. nach Heinrich Krebser, Eine Oberländer Gemeinde erlebt die Revolutionswirren der Jahre 1795–1802, in: Zürcher Taschenbuch, Neue Folge, 82. Jg. (1962), S. 82–130, bes. S. 122.

offen haben, wo dann beim Suff so viel übles geschmiedet wird.»[228] Das hier beschriebene Charivari hat eine längere Vorgeschichte, die schon 1754 beginnt und in der älteren Literatur als «Kartoffelzehntstreit» bezeichnet wird. Die Bevölkerung der heimindustriell geprägten Gemeinde weigert sich, für die neue Frucht Abgaben zu entrichten, weil sie in den alten Zehntbriefen nicht erwähnt ist. Auch während der Krisenjahre 1794/95 kommt es wieder zu Auseinandersetzungen. Schliesslich erreichen die Oberländer Gemeinden Fischenthal und Wald, dass ihnen 1796 eine Vierteljucharte zehntfreies «Erdäpfelland» bewilligt wird. Als nach einer kurzen Phase der Zehntfreiheit nach der Ausrufung der Helvetischen Republik die Zehnten wieder eingezogen werden, brechen die Spannungen erneut auf.[229] Weil Pfarrer Meyer als Inhaber einer überdurchschnittlich dotierten Pfründe sich besonders für den Wiedereinzug der Zehnten engagiert, wird er Opfer der Strafaktion. Zusätzlich unbeliebt macht er sich durch sein persönliches Verhalten, denn er identifizierte sich nur scheinbar mit den Neuerungen der Helvetik und arbeitete bei günstiger Gelegenheit sofort wieder mit den konterrevolutionären Kräften zusammen. Das Beispiel zeigt, wie ein frühneuzeitliches Ritual eine neue Bedeutung erhält und zu einem wichtigen Instrument des prohelvetischen Widerstandes wird, der die politischen und ökonomischen Errungenschaften der Helvetik gegen restaurative Tendenzen verteidigt.[230]

228 Zit. nach ebd. S. 111.

229 Ebd. S. 116; zum Kartoffelzehntstreit vgl. auch Roger Peter, Wie die Kartoffel zum «Heiland der Armen» wurde. Ein Beitrag zur Sozialgeschichte der Kartoffel in der Schweiz, Zürich 1996, S. 89.

230 Vgl. Rolf Graber, Pro-helvetische Widerstände gegen restaurative Tendenzen in der Spätphase der Helvetik. Die Zehntunruhen im Distrikt Fehraltorf als Fallbeispiel, in: Christian Simon (Hg.), Widerstand und Proteste zur Zeit der Helvetik (Dossier Helvetik IV), Basel 1998, S. 249–266, bes. 265 f.

Eine weitere wichtige Protestform der Demokratiebewegungen ist die demonstrative Präsenz im öffentlichen Raum. Schon die Prügelzüge waren demonstrative öffentliche Auftritte, die allerdings durch ihre Bewaffnung an ein frühneuzeitliches militärisches Aufbruchs- und Sammlungsritual erinnerten. Durch diese ursprüngliche Funktion hatten sie eine Abschreckungswirkung. Später wurden auch unbewaffnete Volksaufläufe als Sturm bezeichnet. Wichtig war weniger das immanente Drohpotential als der demonstrative Auftritt in der Öffentlichkeit. Ein Beispiel ist etwa der «Aarberger Sturm», eine Protestversammlung am 27. April 1762 mit 8000 Teilnehmern im Kanton Bern. Vordergründig ging es um die Frage der privaten oder staatlichen Finanzierung einer Eisenbahnlinie sowie um deren Verlauf. Die von der radikalliberalen Regierung (Jakob Stämpfli) bevorzugte staatliche Variante hätte jedoch für die Bevölkerung zusätzliche finanzielle Belastungen gebracht, die vehement abgelehnt wurden. Deshalb forderten die Demonstranten nicht nur Volksabstimmungen über Eisenbahnfragen, sondern sogar allgemeine Mitbestimmung des Volkes in Form eines Vetos.[231] Durch den demonstrativen Massenaufmarsch erzielten die Gegner des Eisenbahnprojekts eine optimale Wirkung. Die Strasse wird zur Bühne und die beteiligten Akteure zu Darstellern.[232] Wie die Arbeiten zum Strassenprotest[233] im deutschen Bund zeigen, ging es für die städtischen und ländlichen Unterschichten neben Forderungen

231 Graber, Demokratie und Revolten, S. 164 f.

232 Vgl. Christian Koller, Demonstrating in Zurich between 1830 ans 1840. From Bourgeois Protest to Proletarian Street Politics, in: Matthias Reiss (Hg.), The Street as Stage. Protest Marches and Public Rallies since the Nineteenth Century, Oxford 2007, S. 194–211.

233 Vgl. Manfred Gailus, Die Revolution von 1848 als «Politik der Strasse». In: Dieter Dowe, Heinz Gerhard Haupt, Dieter Langewiesche (Hg.), Europa 1848. Revolution und Reform (Forschungsinstitut der Friedrich Ebert-Stiftung, Reihe Politik- und Gesellschaftsgeschichte, Bd. 48), Bonn 1998, S. 1021–1043.

nach politischer Mitsprache immer auch ums materielle Überleben. Die 40er-Jahre des 19. Jahrhunderts waren von Missernten- und Lebensmittelteuerungen geprägt. Für die ärmere Bevölkerung machten sich diese Preissteigerungen besonders drastisch bemerkbar. Diese Dimension des Protests hat Manfred Gailus unter mit der griffigen Formel «Strasse und Brot» charakterisiert.[234] Auch für die Analyse der Demokratiebewegungen in der Schweiz in den späten 30er- und 40er-Jahren ist dieser Aspekt von grosser Bedeutung. Als performativer Akt ist diese Protestform besonders geeignet, sowohl die politische wie auch die materielle Dimension zum Ausdruck zu bringen.

5.12 Konkurrierende Demokratiemodelle: Alternative Narrative – unterschiedliche Wege

Die Lesart der Demokratiegeschichte als Protestgeschichte hat auch Konsequenzen für ihre Periodisierung. In der Schweiz haben sich repräsentative Demokratie und partizipativ-versammlungsdemokratisch geprägte Formen parallel entwickelt. Diese schlossen sich gegenseitig aus, weil die Befürworter der repräsentativen Demokratie eine direkte Beteiligung des Volkes an Sachentscheidungen grundsätzlich ablehnten. Erst die Konkurrenz und permanente Konfrontation der beiden Modelle hat zu jener Mischform geführt, die heute als «halbdirekte Demokratie» bezeichnet wird. Wie schon gezeigt, sind zwei Datenreihen wichtig. Für die Herausbildung der repräsentativen Demokratie war die Datenreihe des bürgerlichen Revolutionszyklus 1789, 1830, 1847/48 von grosser Bedeutung. Mit der Helvetischen Republik entstand die erste auf

234 Manfred Gailus, Strasse und Brot. Sozialer Protest in den deutschen Staaten unter besonderer Berücksichtigung Preussens, 1847–1849, Göttingen 1990.

Gewaltentrennung und Rechtsgleichheit basierende Verfassung. 1830 realisierten elf Mittellandkantone Repräsentativverfassungen und 1848 wurde mit der Bundesverfassung das Repräsentativsystem auch auf gesamtschweizerischer Ebene eingeführt. Für die Entwicklung zur halbdirekten Demokratie sind jedoch weitere Datenreihen und Ereignisketten relevant. Durch den Zusammenbruch des Ancien Régime 1797/98, die Krise der Helvetischen Republik, die Phase der Staatsstreiche 1801/1802 und den Zusammenbruch des napoleonischen Grand Empire 1814 war jeweils ein Machtvakuum entstanden, das die Bevölkerung der Ostschweizer Gebiete produktiv nutzte, um versammlungsdemokratische Modelle zu installieren.[235] Im Frühjahr 1798 entstanden im Gebiet des Kantons St. Gallen acht neue Republiken mit landgemeindeähnlichen Verfassungen. 1802 beklagten sich die helvetischen Beamten über das «Landsgemeindefieber» und die «Landsgemeindewut» in der Ostschweiz und mit dem Ende der Mediationsordnung und dem Beginn der Restauration gab es erneute Versuche zur Neukonstitution von Landgemeinderepubliken. So wurde die Ostschweiz immer wieder zum Experimentalraum alternativer Partizipationsformen. Referenzmodell war eine mit utopischen Elementen angereicherte und auf einem neuen Freiheitsverständnis beruhende Landsgemeindeverfassung. Damit stand eine «basisdemokratische Variante prohelvetischer Politik» zur Verfügung.[236] Die Tatsache, dass alle diese Versuche scheiterten, könnte zur Annahme verleiten, dass sie keine Bedeutung für die weitere Ausgestaltung des politischen Systems auf Kantonsebene gehabt hätten. Eine Analyse der Entwicklung im Kanton St. Gallen 1830/31 spricht jedoch gegen

235 Vgl. Rolf Graber, Herrschaftswechsel als Chance für die «reine Demokratie». Helvetische Revolution von 1798, in: Harald Heppner, Sabine Jesner (Hg.), Das Banat im regionalen Vergleich (Schriftenreihe des Instituts für donauschwäbische Geschichte und Landeskunde, Bd. 24), Stuttgart 2020, S. 271–283, bes. S. 274–280.

236 Ebd. S. 279.

diese Vermutung. Zwar erhielt der Kanton keine Landsgemeindeverfassung, sondern die Auseinandersetzung zwischen Befürwortern des Repräsentativsystems und Anhängern der «reinen Demokratie» führten zu einer Kompromisslösung, nämlich zum Einbau eines Vetorechts gegen neue Gesetze in die liberale Repräsentativverfassung. Diese «Volksveto» hatte Vorbildcharakter: 1832 wurde im Kanton Baselland und 1841 in Luzern eine ähnliche Bestimmung in die Verfassung aufgenommen. Auch die Demokratiebewegungen in Zürich, Solothurn und Aargau beriefen sich auf dieses Veto, konnten aber vorerst dieses Postulat nicht durchsetzen. Trotzdem war nun anstatt eines Rekurses auf das mythisch überhöhte Landsgemeindemodell eine moderne Variante versammlungsdemokratischer Politikgestaltung verfügbar, die nicht mit den Mängeln der traditionellen Landsgemeinden wie fehlende Gewaltentrennung, nicht geheime Wahlen und Abstimmungen sowie exklusivem Zugang für eine privilegierte Gruppe behaftet war.

Neben der Entwicklung zum Volksveto sind zwei weitere Wege zur direkten Demokratie zu beobachten. Eine Variante ist die Transformation der traditionellen Landsgemeinden durch liberale Kräfte. Zwischen 1837 und 1844 kommt es in Glarus, Schwyz und dem Wallis zu Verfassungsrevisionsbewegungen, mit dem Ziel, die traditionellen Ordnungen auf ein naturrechtliches Fundament zu stellen. Durch die Verwirklichung der Rechtsgleichheit wurden die Privilegien der altgefryten Landleute beseitigt und der Teilnehmerkreis wesentlich erweitert. Sowohl die Realisierung des Volksvetos als auch die Transformation der Landsgemeindeordnung entspringen der Auseinandersetzung zwischen Konservativen und Liberalen.

Davon unterscheidet sich eine weitere Variante, nämlich der direkte Weg zum Referendum und Initiative im Kanton Waadt. Dort trafen die unterschiedlichen politischen Ansichten von gemässigten Liberalen und Radikalen aufeinander. Die

Anführer der radikalen Bewegung waren stark vom französischen Verfassungsdenken und von frühsozialistischen Ideen beeinflusst. Henry Druey hatte sich etwa mit den Werken von Etienne Cabet, Pierre Joseph Proudhon und Charles Fourier beschäftigt.[237] Infolge der Dominanz der Radikalen wurden keine illiberalen Forderungen wie etwa die Diskriminierung bestimmter Bevölkerungsgruppen gestellt. Statt Exklusion wurde an der als Generalversammlung bezeichneten Volksversammlung in Lausanne ein allgemeines Stimmrecht verlangt, indem der Ausschluss von Almosengenössigen, Bevogteten, Falliten und Kriminalisierten aufgehoben wurde.[238] Schliesslich führten die Auseinandersetzungen zwischen Liberalen und Radikalen 1845 zur Ausarbeitung einer neuen Verfassung, die das erste Gesetzesreferendum enthielt, das sogar die Volksinitiative vorwegnahm.[239] Die sich unterscheidende politische Kultur ist auch dafür verantwortlich, dass die Waadt 1959 den Frauen als erster Kanton die politischen Rechte gewährt.

Die drei aufgezeigten Entwicklungswege zur direkten Demokratie im 19. Jahrhundert illustrieren, dass die Bundesstaatsgründung 1848 und die Bundesverfassung nur marginale Bedeutung im Hinblick auf die Ausgestaltung der Volksrechte hatte, indem durch die Anerkennung der Kantonsverfassungen unterschiedlich Partizipationsmodelle toleriert wurden. Wegleitend für die Verfassungsgeber war allerdings das Prinzip der Repräsentation,

---

237 Zum Einfluss der Lehren der Frühsozialisten auf die Anführer der Radikalen vgl. Kölz, Neuere schweizerische Verfassungsgeschichte, Bd. 1, S. 464–466.

238 Feddersen, Geschichte der Schweizerischen Regeneration 1830–1848, S. 394.

239 Vgl. Verfassung des Kantons Waadt vom 8. Oktober 1845, in: Bundesverfassung und Staatsverfassungen der Kantone, Freiburg 1856. Zur Einschätzung der Verfassung Dian Schefold, Volkssouveränität und repräsentative Demokratie in der schweizerischen Regeneration 1830–1848 (Basler Studien zur Rechtswissenschaft, Heft 76), Basel, Stuttgart 1966, 259 und 309.

das heisst, dass die Bürger ihre Souveränitätsrechte für gewisse Zeit an die Repräsentanten delegierten. Durchbrochen wurde dieses Repräsentationsprinzip einzig durch die Revisionsbestimmungen. Vorausgesetzt war ein Verfassungsrevisionsbegehren mit der niedrig angesetzten Zahl von 50 000 Unterschriften. Doch verhinderte der äusserst komplizierte Verfahrensweg die direkte Anwendung dieses plebiszitären Instruments. Die Einführung direktdemokratischer Instrumente auf Bundesebene erfolgte erst 1874 mit der Einführung des fakultativen Gesetzesreferendums und der Einführung der Teilrevisionsinitiative 1891. Dazu war weiterer Druck von unten notwendig.

6 Schlusswort

Die Recherche zu Fremdeinschätzungen der direkten Demokratie in der Schweizer Geschichte hat gezeigt, dass sowohl die politische Ordnung einzelner Orte wie auch der gesamten Eidgenossenschaft mit dem Attribut «demokratisch» versehen und schon in der Frühneuzeit als eine Besonderheit wahrgenommen wurde. Zudem liess die Selbsteinschätzung vieler Bürgerinnen und Bürger als republikanisches Staatswesen die Schweiz als Sonderfall innerhalb der monarchisch organisierten Staatenwelt erscheinen. Gleichzeitig beförderte die den Republiken inhärente Dialektik von Tugend und Korruption das Bewusstsein, dass in demokratischen Staaten bisweilen Revolutionen nötig seien. Dadurch wurde die Protestbereitschaft erhöht. Die Schweiz gehörte schon in der Frühneuzeit zu den revoltenreichsten Ländern Europas. Die Revolten und Widerstandstradition, die auch im 19. Jahrhundert noch virulent war, hat dazu geführt, dass die Schweiz in jener Zeit zum Experimentierfeld erweiterter Partizipationsformen wurde. In einzelne Kantonsverfassungen wurden partizipative Elemente eingebaut, die später als «Volksrechte» bezeichnet werden. Mit der Einführung des fakultativen Gesetzesreferendums 1874 und der Realisierung der Teilrevisionsinitiative von 1891, hatte sich das System der halbdirekten Demokratie auch auf Bundesebene durchgesetzt.

Die Meinungsumfrage, in deren Kontext das Konzept zur vorliegenden Abhandlung entstanden ist, hat gezeigt, dass dieses politische System bei den Schweizer Bürger:innen auf hohe Akzeptanz stösst. Auch von den Bürger:innen der umliegenden EU-Staaten wird das System positiv bewertet und teilweise sogar – im Hinblick auf eine Demokratisierung der EU – als nachahmenswert empfunden. Eine Vorbildfunktion des Schweizer Modells wird aktuell etwa in Deutschland diskutiert. Ein Beispiel dafür ist die Einschätzung der renommierten Kulturhistorikerin Ute Daniel. Der Forschungsbefund ihres Werks «Postheroische Demokratiegeschichte», dass die parlamentarische Demokratie nicht den Wertvorstellungen der Vorkämpfer:innen, sondern anderen Zielen entstamme, sollte auch in die gegenwärtigen Reflexionen über die Verbesserungen der parlamentarischen Demokratie in Deutschland einfliessen. Neben irischen Bürgerversammlungen nennt sie das politische System der Schweiz als mögliches Vorbild für Reformen.[240]

Dabei sollte nicht vergessen werden, dass die Durchsetzung der Volksrechte ein äusserst konfliktiver und gewaltsamer Prozess war. Erst Aufruhr und Widerstand führten zum Resultat. Mit der Einführung von Initiative und Referendum wurde diese Widerstandskultur mit Prügelzügen, Geiselnahmen, Rüge- und Strafritualen allmählich obsolet. Schon in der demokratischen Bewegung der 1860er-Jahre dominierten friedliche Manifestationsformen. Durch die Einführung der Volksrechte wurde der vormoderne gewaltsame Widerstand gleichsam institutionalisiert.[241] Andreas Suter bezeichnet die direktdemokratischen Instrumente zutreffend als «funktionales Äquivalent»[242] der popularen Gewalt. Indem die Volksrechte dazu beitrugen, den gewaltsamen Widerstand zu reduzieren, beförderten sie die politische Stabilität des Landes. Der Historiker Caspar Hirschi sieht sie als «wirkungsvollste Impfung gegen Gewalt».[243] Allerdings führt die

240 Vgl. Ute Daniel, Postheroische Demokratiegeschichte, Hamburg 2020, S. 152 f.

241 Vgl. Rolf Graber, Die Entstehung der direkten Demokratie im Aargau im Kontext der Demokratiebewegungen in anderen Mediationskantonen, in: Béatrice Ziegler, Andreas Glaser (Hg.), Direkte Demokratie im Kanton Aargau in Geschichte und Gegenwart (Schriften zur Demokratieforschung 15), Zürich 2020, S. 21–31. bes. S. 29.

242 Suter, Die Genese der direkten Demokratie (Teil 1), S. 469.

243 Vgl. Caspar Hirschi, Der Protest als Teil der direkten Demokratie, in: NZZ am Sonntag, 7. November 2021.

Erkenntnis, dass die Implementierung der Volksrechte das Resultat gewaltsamer Auseinandersetzungen war, zur Frage nach den Anstössen für einen möglichen Demokratisierungsprozess in den EU-Ländern. Würde dieser Prozess nach der «sozialen Logik» der Schweizer Demokratiebewegungen verlaufen, könnte die Initiative wohl kaum von den politischen Eliten erwartet werden. Voraussetzung für einen Demokratisierungsprozess wären Protestbewegungen, die sich an aktuellen gesellschaftlichen Problemen entzünden, konkrete Forderungen stellen und zugleich Mitgestaltungsmöglichkeiten einfordern.

In diesem Kontext muss daran erinnert werden, dass die Forderungen nach mehr politischer Mitbestimmung immer auch mit materiellen und sozialen Postulaten verbunden waren. Die Demokratiebewegungen des 19. Jahrhunderts richteten sich gleichzeitig gegen die von den Liberalen favorisierte repräsentative Demokratie, die direktdemokratische Partizipationsformen ausschloss und gegen den liberalkapitalistischen Modernisierungspfad, der Verliererinnen und Verlierer zurückliess. Sie suchten einen sozialverträglicheren Weg in die Moderne. Ihre vielfältigen Widerstände waren zugleich eine Antwort auf «Kolonialisierung von Lebenswelten» und die Zerstörung traditioneller Existenzformen.[244] Die Modernisierung von Lebensverhältnissen war für viele Menschen nämlich keinesfalls nur ein unaufhaltsamer Prozess der Wertsteigerung, sondern auch Verlustgeschichte.[245] Die eigentümliche Mischung von politischer Enttäuschung, materiellen Erwartungen und der Erschütte-

244 Zum Konzept «Kolonialsierung von Lebenswelten» und zum Spannungsverhältnis von System und Lebenswelt vgl. Jürgen Habermas, Theorie des kommunikativen Handelns, Frankfurt a. M. 1982, Bd. 2, S. 225–275; ferner die Überlegungen von Detlev Peukert, neuere Alltagsgeschichte und Historische Anthropologie, in. Hans Süssmuth (Hg.), Historische Anthropologie, Göttingen 1984, S. 49–72, bes. S. 64.

245 Vgl. Richard van Dülmen, Historische Anthropologie, Entwicklung, Probleme, Aufgaben, Köln 2001(2), S. 51.

rung traditionell verfasster Bindungen und Beziehungsgeflechte enthielt ein überschiessendes Potential, das eine Erweiterung der Anerkennungsbeziehungen in sozialer und politischer Hinsicht intendierte.[246] Diese Handlungsfähigkeit von unten sorgte für einen steten Abgleich von politischen Ideen und gesellschaftlichen Entwicklungen. Die Kombination von Demokratisierungsschüben mit sozialen Reformen ist im Bewusstsein der Schweizer Bevölkerung immer noch präsent und trägt zusätzlich zur positiven Wahrnehmung direktdemokratischer Grundlagen bei.[247] Die Volksrechte verstärkten zwar im späten 19. Jahrhundert die Integration der gewerblichen Mittelschichten, der Bauern und Teilen der Arbeiterschaft in den bürgerlich dominierten Staat, hatten aber auch zugleich eine sozialdisziplinierende Wirkung. Die Hoffnungen durch Ausweitung der Volkssouveränität die sozialen Probleme lösen zu können, erfüllten sich nicht, weil die neuen politischen Instrumente nur einen geringen Einfluss auf die weitere Ausgestaltung des Wirtschafts- und Gesellschaftssystems hatten.[248] Trotzdem war die Handlungsfähigkeit von unten mit der halbdirekten Demokratie eindeutig besser gewährleistet als mit der repräsentativen Demokratie. Die Volksrechte boten wirksame Interventions- und Mitgestaltungsmöglichkeiten. Sie beförderten die Kontrolle und Beschränkung der Macht von Exekutive und Legislative, führten zu einer Verbesserung der Integrationsfähigkeit des politischen Systems und bewirkten eine Er-

246 Axel Honneth, Kampf um Anerkennung. Zur moralischen Grammatik sozialer Konflikte. Mit einem Nachwort erweiterte Ausgabe, Frankfurt a. M. 2003 (2), Erstausgabe 1994.

247 Für die Bewegungen der 1860er-Jahre vgl. Peter Gilg, Die Entstehung der demokratischen Bewegung und die soziale Frage. Die sozialen Ideen und Postulate der deutschschweizerischen Demokraten in den frühen 60er Jahren des 19. Jahrhunderts, Diss. Bern, Affoltern am Albis 1951.

248 Vgl. dazu die Bemerkungen zur demokratischen Bewegung in Zürich, in: Fritzsche, Lemmenmeier, Die revolutionäre Umgestaltung von Wirtschaft, Gesellschaft und Staat 1780 –1870, S. 149; sowie Tanner, Arbeitsame Patrioten, S. 514 f.

weiterung der Informationsbasis.[249] Die Option der Teilnahme an politischen Entscheidungsprozessen förderte das Bedürfnis nach Information und konnte zu einer verstärkten Identifikation mit dem Staatswesen führen. Indem die Referenden zum Ziel hatten, unliebsame Gesetze zu verhindern, trugen sie indirekt auch zu einer höheren Akzeptanz der bestehenden Gesetze und zur Legitimität der Staatshandlungen bei. Dies zeigt sich am Befund, dass in der Meinungsumfrage nicht nur die Mitbestimmungsmöglichkeiten, sondern auch die Resultate und Regelungen hohe Zustimmungswerte aufweisen. Im Unterschied zu den Referenden, hatten Initiativen Veränderungspotential.[250] Im Zeitraum von 1891 bis am 14. November 2021 sind 347 Initiativen zustande gekommen. Abgestimmt wurde über 223. Davon wurden insgesamt 23 angenommen. Das entspricht einer Erfolgsquote von 10,3%.[251] Allerdings ist zu beachten, dass auch gescheiterte Initiativen zu einem Gegenvorschlag und zur Veränderung des Status quo, respektive zu partiellen Reformen führen konnten. Eine Studie, die diese Option ebenfalls berücksichtigt, stellt eine Erfolgsquote von 50 % fest.[252] Besonders bemerkenswert ist, dass unter den 23 angenommenen Initiativen drei Vorstösse zu einem weiteren Ausbau oder zur Wiederherstellung des direktdemokratischen Systems geführt haben: Die Einführung des Proporzwahlrechts des Nationalrats (1918), das «Staatsvertragsreferendum»[253] (1921)

249 Vgl. Manfred G. Schmidt, Demokratietheorien, Opladen, 2000 (3), S. 366.

250 Bernhard Degen, Artikel: Volksinitiative, in: Historisches Lexikon der Schweiz (HLS), Bd. 13.

251 Daten von www.bk.admin.ch/bk/de/home/politische-rechte/volksinitiativen.html

252 Gabriela Rohner, Die Wirksamkeit von Volksinitiativen im Bund, 1848–2010, Zürich 2012.

253 Seit 1977 gilt dies auch für Verträge, die den Beitritt der Schweiz zu internationalen Organisationen regeln oder eine multilaterale Rechtsvereinheitlichung herbeiführen sollen. Vgl. Schmidt, Demokratietheorien, S. 364.

und die Initiative «Rückkehr zur direkten Demokratie» (1949). Mit der Annahme der Initiative «Rückkehr zur direkten Demokratie» wurde zugleich ein zweites Vollmachtenregime beendet, das von 1939 bis 1950 dauerte. Während dieser Zeit wurden die Volksrechte weitgehend ausgehebelt und der Bundesrat regierte per Notrecht. Die Beendigung dieser Notrechtsphase führte in der Nachkriegszeit zu einer verstärkten Nutzung der Volksrechte durch Einzelpersonen, Parteien und NGOs, die ab den 70er-Jahren nochmals stark zunahm. Besonders die parteipolitische Nutzung bewirkte jedoch einen Funktionswandel. Ursprünglich hatten die Volksrechte wie Referendum und Initiative ihren Bestimmungszweck als Oppositionsinstrument und als Möglichkeit für die Artikulation der Interessen von Minderheiten. Von dieser Funktion haben sie sich durch die parteipolitische Instrumentalisierung seit den 90er-Jahren immer mehr entfremdet, indem sie als Mobilisationsinstrument für parteipolitische Ziele genutzt werden. Durch die «Koppelung der Volksrechte an eine plebiszitäre Bewegungskultur» sind sie zum «permanenten Wahlkampfvehikel» und Aktivierungsinstrument geworden.[254]

Ein letztes Problemfeld, das noch erwähnt werden soll, hat mit der Fremd- und Selbsteinschätzung der Schweiz als Republik zu tun. Republikanische Staatswesen neigen dazu, sich gegen aussen abzuschotten, indem das Bürgerrecht nur einer privilegierten Gruppe zugestanden wird. Dies galt in der alten Eidgenossenschaft sowohl für Stadtrepubliken wie auch für Landsgemeindeorte. Diese «exklusive» republikanische Tradition wirkte auch im 19. Jahrhundert nach, indem Armengenössige, Heimatlose, Juden und Frauen noch lange vom Bürgerrecht ausgeschlossen blieben. Um die Ausgrenzungen zu überwinden, waren internationale Impulse notwendig.[255]

254 Vgl. Tanner, Geschichte der Schweiz im 20. Jahrhundert, S. 561.
255 Zu diesen Impulsen mit weiteren Literaturangaben vgl. Graber, Demokratie und Revolten, S. 199.

Erst als die Handelspartner USA, Frankreich und die Niederlande 1863 den Abschluss von Handelsverträgen von der Gewährung der vollen Niederlassungsfreiheit der Juden abhängig machten, wurde 1856/66 den Juden die Gleichheit vor Gericht und das Stimmrecht auf eidgenössischer und kantonaler Ebene gewährt.[256] Der Kanton Aargau, wo die meisten Juden lebten, musste per Bundesbeschluss gezwungen werden, diese Bestimmungen umzusetzen. Auch das den Frauen lange vorenthaltene Stimm- und Wahlrecht führte zu Konflikten mit dem Ausland. Erst als der Schweizer Beitritt zum Europarat gefährdet war und der internationale Druck, die europäische Menschenrechtskonvention zu unterzeichnen immer grösser wurde, setzte ein Umdenken ein. Der äussere Druck, sowie der durch die Frauenverbände und die neue Frauenbewegung ausgelöste «Mobilisierungsantrieb» bewirkten, dass 1971 das Frauenstimm- und Wahlrecht auf Bundesebene eingeführt wurde. In diesem Fall musste der Kanton Appenzell Innerrhoden gezwungen werden, die Bestimmung umzusetzen. Die «republikanisch-exklusive Tendenz» und die harten Ausschlusskriterien sind auch für die zögerliche Inklusion von Migrantinnen und Migranten verantwortlich. Sie haben dazu geführt, dass gegenwärtig etwa ein Viertel der volljährigen Schweizer Wohnbevölkerung vom Stimm- und Wahlrecht ausgeschlossen ist.

Dies zeigt, dass die Entwicklung der halbdirekten Demokratie in der Schweiz eine Geschichte von Exklusion und Inklusion ist. Gemessen am universalistischen Geltungsanspruch der Würde des Menschen als realistische Utopie einer gerechten Gesellschaft ist auch die vermeintlich fortschrittlichste Variante der

256 Zur Emanzipation der Juden: Robert Uri Kaufmann, Art. Judentum: Der Weg zur Emanzipation (1798–1879), in: Historisches Lexikon der Schweiz, Bd. 6, S. 830–832; ferner Aram Mattioli, Die Schweiz und die jüdische Emanzipation 1798–1874, in: Ders. (Hg.), Antisemitismus in der Schweiz 1848–1960. Mit einem Vorwort von Alfred A. Häsler, Zürich 1998, S. 61–82.

Demokratieentwicklung immer ein unvollendetes Projekt, das über die nationalstaatlichen Ausprägungen hinausweist.

7 Bibliografie

7.1 Ungedruckte Quellen

Ungedruckte Quellen und nicht edierte Einzelstücke werden direkt in den Anmerkungen aufgeführt.

7.2 Gedruckte Quellen und Quelleneditionen

Aktenstücke der Zürcherischen Revisionsbewegung. Vollständige Sammlung. Landsgemeinde-Reden, Proklamationen des Kantonalkomités und der Abstimmungsresultate, Winterthur 1868.

Amtliche Sammlung der Akten aus der Zeit der Helvetischen Republik (1798–1803, Bd. 1–11, bearb. von Johannes Strickler, Bern 1886–1911, bes. Bd. 1, 3 und 4.

Bundi Martin, Rathgeb Christian (Hg.), Die Staatsverfassung Graubündens. Zur Entwicklung der Verfassung im Freistaat der Drei Bünde und im Kanton Graubünden, Chur, Zürich 2003.

Cramer Jakob, Leben und Ende Hans Jakob Willis von Horgen und Jakob Kleiners ab der Egg in Schönenberg. (Beiträge zur nähern Kenntnis des Menschen in Lebensbeschreibungen hingerichteter Missetäter, Drittes Heft), Zürich 1804.

Disteli Martin, Schweizer Bilderkalender für das Jahr 1839–1844, Solothurn 1839 ff.

Gespräch (Herr Dr. Freimann von Bürgerhein), 1830, in: Geschichte des Kantons Zürich von 1794–1830. In zwei Bänden. Aus den Quellen untersucht und höchst wichtigen Mittheilungen von noch lebenden Zeitgenossen und Augenzeugen dargestellt durch Johann Jacob Leuthy von Stäfa. Zweiter Band. Mit dem Portrait des Arztes Pfenninger, Sohn von Stäfa, Zürich 1843, Leuthys Verlagsbureau, S: 66–73.

Gespräch zwischen zwei Landbürgern des Kantons Zürich. Vom Zürichsee, im Oktober 1830, in: Geschichte des Kantons Zürich von 1794–1830. In zwei Bänden. Aus den Quellen untersucht und höchst wichtigen Mittheilungen von noch lebenden Zeitgenossen und Augenzeugen dargestellt durch Johann Jacob Leuthy von Stäfa. Zweiter Band. Mit dem Portrait des Arztes Pfenninger, Sohn von Stäfa, Zürich 1843, Leuthys Verlagsbureau, S: 35–41.

Graber Rolf, Wege zur direkten Demokratie in der Schweiz. Eine kommentierte Quellenauswahl von der Frühneuzeit bis 1874, Wien 2013.

Gubler Bernhard Andreas, Der «Züriputsch» in Schilderungen aus dem Bezirk Pfäffikon, in: Züriputsch. 6. September 1839. Sieg einer gerechten Sache oder Septemberschande? Eine Publikation der Antiquarischen Gesellschaft Pfäffikon und der Paul Kläui Bibliothek Uster, Wetzikon 1989, S. 18–44.

Hegner Ulrich, Ulrich Hegners Aufzeichnungen aus Winterthurs Revolutionstagen, in: Neujahrs-Blatt der Stadtbibliothek Winterthur auf das Jahr 1901, Nr. 237, S. 11–20.

Henne Josef Anton, Verhandlungen des Verfassungsrathes vom Schweizerkanton St. Gallen, St. Gallen 1831.

Jonathan und David. Landleute im Canton Zürich reden über das, was jetzt not ist und Alle wissen müssen. Allen Cantonsbürgern geweiht, welche ihre Zeit und Pflichten kennen, 1830, in: Geschichte des Kantons Zürich von 1794–1830. In zwei Bänden. Aus den Quellen untersucht und höchst wichtigen Mittheilungen von noch lebenden Zeitgenossen und Augenzeugen dargestellt durch Johann Jacob Leuthy von Stäfa. Zweiter Band. Mit dem Portrait des Arztes Pfenninger, Sohn von Stäfa, Zürich 1843, Leuthys Verlagsbureau, S. 55–61.

Joris Elisabeth, Witzig Heidi (Hg.), Frauengeschicht(en). Dokumente aus zwei Jahrhunderten zur Situation der Frauen in der Schweiz, Zürich 1986.

Kölz Alfred (Hg.), Quellenbuch zur neueren schweizerischen Verfassungsgeschichte. Vom Ende der Alten Eidgenossenschaft bis 1848, Bern 1992.

Locher Friedrich, Die Freiherren von Regensberg. Pamphlet eines schweizerischen Juristen, Bern 1866 (2).

Materialien zur Geschichte des Standes Zürich, Drittes Heft, Strassburg 1798.

Materialien zur Geschichte des Standes Zürich, Erstes Heft, Strassburg 1797.

Nabholz Hans, Kläui Paul (Hg.), Quellenbuch zur Verfassungsgeschichte der Schweizerischen Eidgenossenschaft und der Kantone. Von den Anfängen bis zur Gegenwart. Aarau 1947 (3).

Nehracher Heinrich, Ein Wort zur Beherzigung an unsre teuersten Landesväter 1794. Von Nehracher von Stäfa verfasst und von Stapfer von Horgen mit Anmerkungen begleitet, in: Otto Hunziker (Hg.), Zeitgenössische Darstellung der Unruhen in der Landschaft Zürich 1794–1798 (Quellen zur Schweizer Geschichte, Bd. 17), Basel 1897, S. 233–249.

Steger W. P., Erinnerungen von Dr. Adolf Steger an den Züriputsch 1839, Toggenburgerblätter für Heimatkunde, Beilage zu «Toggenburger Bote», 3. Jhrg., Nr. 2, April/Juni 1940.

Verfassung der Republik und des Kantons Wallis vom 14. Hebstmonat 1844, in: Sammlung der Gesetze, Dekrete und Abschlüsse des Kantons Wallis seit 1844 bis 1848, Bd. 7, S. 27.

Verfassung des Kantons Waadt vom 10. 8. 1845, in: Bundesverfassung und Staatsverfassungen der Kantone, Freiburg 1856.

Wartmann Bernhard (1739–1815), Beschreibung der Unruhen in der Alten Landschaft und des Aufruhrs gegen Fürstabt Pankraz Vorster 1795–1797, hg. vom Historischen Verein des Kantons St. Gallen, 138. Neujahrsblatt (1998), S. 13–75.

Wipf Hans Georg, Major Wipf von Marthalen. Ein Wort an das Publikum und seine Freunde, zur Rechtfertigung des Benehmens beym Ausbruch der Revolution im Vaterlande. Geschrieben im Hornung 1803 (Helvetien), 1803.

7.3 Darstellungen

Adams Will Paul (Hg.), Die vereinigten Staaten von Amerika (Fischer Weltgeschichte, Bd. 30), Frankfurt a. M. 1977.

Adler Benjamin, Die Entstehung der direkten Demokratie. Das Beispiel der Landsgemeinde Schwyz 1789–1866. Mit einem Nachwort von Andreas Suter, Zürich 2006.

Aerne Peter, Pfarrer Bernhard Hirzel, Anführer des Putschzuges – Beiträge zu seiner Biographie, in: Züriputsch 6. September 1839. Sieg der gerechten Sache oder Septemberschande? Eine Publikation der Antiquarischen Gesellschaft Pfäffikon und der Paul Kläui Bibliothek Uster, Wetzikon 1989, S. 63–121.

Anderson Benedict, Die Erfindung der Nation. Zur Karriere eines erfolgreichen Konzepts, Frankfurt a. M. 1996.

Argast Regula, Staatsbürgerschaft und Nation. Ausschliessung und Integration in der Schweiz 1848–1933 (Kritische Studien zur Geschichtswissenschaft, Bd. 174), Göttingen 2007.

Arni Caroline, Republikanismus und Männlichkeit in der Schweiz, in: Schweizerischer Verband für Frauenrechte (Hg.), Der Kampf um gleiche Rechte – Le combat pour les droits égaux, Basel 2009, S. 20–31.

Arni Caroline, Nichts versprochen, alles erkämpft, in: Denise Schmid (Hg.), Jeder Frau eine Stimme. 50 Jahre Frauengeschichte 1971–2021, Zürich 2020, S. 12–20.

Arni Marco, Die katholische Opposition im aargauischen Verfassungsstreit 1839 bis 1841: Eine Minderheit auf der Suche nach politischen Schutzmechanismen, in: René Roca, Andreas Auer (Hg.), Wege zur direkten Demokratie in den schweizerischen Kantonen (Schriften zur Demokratieforschung, Bd. 3), Zürich 2011, S. 221–231.

Arni Marco, Die katholische Opposition im aargauischen Verfassungsstreit 1839 bis 1841, Lizentiatsarbeit am Historischen Seminar der Universität Zürich, 2002.

Arx von Ferdinand, Die Regeneration im Kanton Solothurn, in: Ders., Bilder aus der Solothurner Geschichte. Zusammengestellt und herausgegeben vom Historischen Verein des Kantons Solothurn, Bd. 2, Solothurn 1939, S. 454–504.

Baumgartner Gallus Jakob, Die Schweiz in ihren Kämpfen und Umgestaltungen von 1830 bis 1850, Bd. 2, Zürich 1854.

Berther Ivo, «Il mund sutsura. Die Welt steht Kopf». Alpine Peripherie und Moderne am Beispiel der Landsgemeinde Disentis, 1790–1906, Chur 2011.

Bierbrauer Peter, Freiheit und Gemeinde im Berner Oberland 1300–1700 (Archiv des historischen Vereins des Kantons Bern 74), Bern 1991.

Binnenkade Alexandra, Kontakt-Zonen. Jüdisch-christlicher Alltag in Lengnau (Industrielle Welt. Schriftenreihe des Arbeitskreises für moderne Sozialgeschichte, Bd. 75), Köln 2009.

Blattmann Lynn, Meier Irène (Hg.), Männerbund und Bundesstaat. Über politische Kultur in der Schweiz, Zürich 1998.

Blickle Peter, Der Kommunalismus als Gestaltungsprinzip zwischen Mittelalter und Moderne, in Nicolai Bernard, Quirinus Reichen (Hg.), Gesellschaft und Gesellschaften. Festschrift zum 65. Geburtstag von Ulrich Im Hof, Bern 1982, S. 95–113.

Blickle Peter, Kommunalismus, Begriffsbildung in heuristischer Absicht, in: Ders. (Hg.), Landgemeinde und Stadtgemeinde in Mitteleuropa. Ein struktureller Vergleich (Historische Zeitschrift, Beihefte, Neue Folge, Bd. 13, 1991), S. 5–38.

Blickle Peter, Kommunalismus. Skizzen einer gesellschaftlichen Organisationsform, 2 Bde., München 2000.

Blickle Peter, Warum blieb die Innerschweiz katholisch? Mitteilungen des historischen Vereins des Kantons Schwyz, Heft 86 (1994), S 29–38.

Blumer Jakob, Staats- und Rechtsgeschichte der schweizerischen Demokratien oder Kantone: Uri, Schwyz, Unterwalden, Glarus, Zug, Appenzell, 2 Bände, St. Gallen 1850–1859.

Blum Roger, Die politische Beteiligung des Volkes im jungen Kanton Baselland (1832–1875), (Quellen und Forschungen zur Geschichte und Landeskunde des Kantons Baselland, Bd. 16), Liestal 1977.

Bock Gisela, Frauen in der europäischen Geschichte. Vom Mittelalter bis zur Gegenwart, München 2005.

Böning Holger, Der Traum von Freiheit und Gleichheit. Helvetische Revolution und Republik (1798–1803) – Die Schweiz auf dem Weg zur bürgerlichen Demokratie, Zürich 1998.

Böning Holger, Revolution in der Schweiz. Das Ende der Alten Eidgenossenschaft. Die Helvetische Republik 1798–1803. Frankfurt a. M. 1985.

Bonjour Edgar, Werden und Wesen der schweizerischen Demokratie, in: Die Schweiz und Europa. Ausgewählte Reden und Aufsätze von Edgar Bonjour, Bd. 2, Basel 1961.

Brändle Fabian, Demokratie und Charisma. Fünf Landsgemeindekonflikte im 18. Jahrhundert, Zürich 2005.

Brändle Fabian, Der Sutter-Handel in Appenzell Innerrhoden. Kontinuitäten vom Ancien Régime in die 1830er Jahre, in: Rolf Graber (Hg.), Demokratisierungsprozesse in der Schweiz im späten 18. und 19. Jahrhundert (Schriftenreihe der Internationalen Forschungsstelle «Demokratische Bewegungen in Mitteleuropa 1770–1850», Bd. 40), Franfurt a. M. S. 21–33.

Brändle Fabian, Die gottgewollte Demokratie. Sakrale Politik in den katholischen Landsgemeinden 1500–1798, in: Schweizerische Zeitschrift für Religions- und Kulturgeschichte, 105. Jhrg. (2011), S. 435–472.

Brändle Fabian, Es war höchste Zeit, der Offizier rettete ihn vor dem sicheren Tode. Der schweizerische Sonderbundskrieg aus der Perspektive des Soldaten, in: Claudio Glunz, Thomas F. Schneider, Attitudes to War. Literatur und Film von Shakespeare bis Afghanistan (Krieg und Literatur, Jahrbuch XVIII), Göttingen 2012, S. 27–30.

Brändle Fabian, «Naglers Sepp» und die Volkssouveränität (das Volksveto). Joseph Eichmüller (1785–1854) «Lerchenwirt» zu Altstätten und die

Rheintaler demokratische Bewegung 1830/31, in: Rheintaler Jahrbuch 2020.

Brändle Fabian, Nicht «Degeneration» sondern Revitalisierung. Die Landsgemeindekonflikte des 18. Jahrhunderts und das Werden der modernen Schweiz, in: Zeitschrift für Historische Forschung, Vol. 40, Nr. 4 (2013), S. 593–621.

Braun Rudolf, Das ausgehende Ancien Régime in der Schweiz. Aufriss einer Sozial- und Wirtschaftsgeschichte des 18. Jahrhunderts, Göttingen und Zürich 1984.

Capitani François de, Les idées de la Révolution dans la horte du colporteur, in: La Suisse et la Révolution Française. Images, caricatures, pamphlets, hg. vom Musée Historique de Lausanne, Lausanne 1989, S. 50–58.

Carlen Louis, Die Landsgemeinde in der Schweiz. Schule der Demokratie, Sigmaringen 1976.

Chollet Antoine, Les allers-retours transatlantique du référendum, in: traverse, Zeitschrift für Geschichte (2019), Heft 1: Die Schweiz – eine Kulturtransfergeschichte, S. 58–70.

Curti Theodor, Geschichte der Volksgesetzgebung (Zugleich Geschichte der schweizerischen Demokratie), Bern 1882.

Dändliker Karl, Geschichte der Stadt und des Kantons Zürich, Bd. 3, Zürich 1912.

Daniel Ute, Postheroische Demokratiegeschichte, Hamburg 2020.

Degen Bernhard, Artikel: Volksinitiative, in: Historisches Lexikon der Schweiz, Bd. 13.

Degen Bernhard, Die Sozialdemokraten im Wahlsystem der Schweiz, in: Archiv für Sozialgeschichte der Schweiz im 20. Jahrhundert 53 (2013), S. 47–66.

Dülmen Richard van, Historische Anthropologie, Entwicklung, Probleme, Aufgaben, Köln, Weimar, Wien 2001 (2).

Eibach Joachim, Cottier Maurice, Popular protest in Switzerland during 1830s: Oppositing models of political partizipation and citation of traditional ritual, in: European Review of History; Revue européenne d'histoire, 20 (2013), S. 1011–1030.

Epple Ruedi, Die Revi-Bewegung, in: Nah dran, weit weg. Geschichte des Kantons Basel-Landschaft, Bd. 5: Armut und Reichtum im 19. und 20. Jahrhundert, Liestal 2001, S. 215–226.

Feddersen Peter, Geschichte der Schweizerischen Regeneration von 1830–1848. Nach besten Quellen bearbeitet, Zürich 1867.

Felder Pierre, Ansätze zu einer Typologie der politischen Unruhen im schweizerischen Ancien régime 1712–1789, in: Schweizerische Zeitschrift für Geschichte, Vol. 26, Nr. 4 (1976) S. 324–389.

Frevel Sandro, Streiten, Schlichten und Gemeindebier. Vom Aushandeln dörflicher Interessenkonflikte an Gemeindeversammlungen, in André Holenstein (Hg.), Berns goldene Zeit. Das 18. Jahrhundert neu entdeckt, Bern 2008, S.194–196.

Fritzsche Bruno, Lemmenmeier Max, Die revolutionäre Umgestaltung von Wirtschaft, Gesellschaft und Staat 1780–1870, in: Geschichte des Kantons Zürich, Bd. 3: 19. und 20. Jahrhundert, Zürich 1994, S. 20–157.

Gailus Manfred, Die Revolution von 1848 als «Politik der Strasse», in Dieter Dowe, Heinz Gerhard Haupt, Dieter Langewiesche (Hg.), Europa 1848. Revolution und Reform (Forschungsinstitut der Friedrich Ebert-Stiftung. Reihe Politik und Gesellschaftsgeschichte, Bd. 48), Bonn 1998, S. 1021–1043.

Gailus Manfred, Strasse und Brot. Sozialer Protest in den deutschen Staaten unter besonderer Berücksichtigung Preussens, 1847–1849, Göttingen 1990.

Gailus Manfred, Was macht eigentlich die historische Protestforschung? Rückblicke, Resümee, Perspektiven, in: Mitteilungsblatt des Instituts für soziale Bewegungen, Heft 34 (2005), S. 127–154.

Gasser Adolf, Gemeindefreiheit als Rettung Europas. Grundstein einer ethischen Geschichtsauffassung, Basel 1943, zweite, stark erweiterte Auflage, Basel 1947.

Geertz Clifford, Dichte Beschreibung. Beiträge zum Verstehen kultureller Systeme. Übersetzt von Brigitte Luchesi u. Rolf Bindenmann (Suhrkamp – Taschenbuch Wissenschaft 696), Frankfurt a. M. 1999 (6).

Gelner Ernest, Nations and Nationalism, London 1983.

Gilg Peter, Die demokratische Bewegung im Kanton Bern, in: Archiv des historischen Vereins des Kantons Bern, Bd. 42, 1. Heft (1953), S. 353–401.

Gilg Peter, Die Entstehung der demokratischen Bewegung und die soziale Frage. Die sozialen Ideen und Postulate der deutschschweizerischen Demokraten in den frühen 60er Jahren des 19. Jahrhunderts, Diss. Bern, Affoltern a. A., 1951.

Graber Rolf, «Aber sie sagten, dass sie keine Lumières haben wollten», Bodmers Position im Zürcher Aufklärungsdiskurs am Beispiel des «Genfer Geschäfts» und des «Waser – Handels», in: Anett Lütteken, Barbara Mahlmann-Bauer (Hg.), Bodmer und Breitinger im Netzwerk der europäischen Aufklärung (Das achtzehnte Jahrhundert, Supplementa, Bd. 16), Göttingen 2009, S. 365–385.

Graber Rolf, «Ächte Sinnbilder von Berg-Wilden oder eigentlichste Schweizer Sansculottes». Protestbewegungen in napoleonischer Zeit als Wegbereiter einer anderen Moderne, in: Geschichte und Region/Storia e regione, 16. Jhrg., Heft 2: 1809 europäisch (2007), S. 14–32.

Graber Rolf, Alte oder neue Freiheit? Qualitative Veränderungen der Protestziele und des Protestverhaltens 1794 bis 1798: Die Zürcher Landschaft als Beispiel, in: Christian Simon (Hg.), Blicke auf die Helvetik (Dossier Helvetik V/VI), Basel 2000, S. 67–93.

Graber Rolf, Bürgerliche Öffentlichkeit und spätabsolutistischer Staat. Sozietätenbewegung und Konfliktkonjunktur in Zürich 1746–1780, Zürich 1993.

Graber Rolf, «Das Evangelium – Tell und Winkelried – Die Constitution von 1798». Politisches Bewusstsein der Züricher Landbevölkerung zu Beginn der Mediationszeit, in: Jahrbuch für Kommunikationsgeschichte, Bd. 8, (2006), S. 30–48.

Graber Rolf, Demokratie und Revolten, Die Entstehung der direkten Demokratie in der Schweiz, Zürich 2017.

Graber Rolf, «Der verruchte, alles ekelhaftmachende Sansculottismus». Plebejische Protestbewegungen als Wegbereiter einer Fundamentaldemokratisierung, in: René Roca, Andreas Auer (Hg.), Wege zur direkten Demokratie in den schweizerischen Kantonen (Schriften zur Demokratieforschung, 3), Zürich, Bern, Genf 2011, S. 247–263.

Graber Rolf, Der Waser-Handel. Analyse eines soziopolitischen Konflikts in der Alten Eidgenossenschaft, in: Schweizerische Zeitschrift für Geschichte, Vol. 30, Nr. 3/4 (1980), S. 321–356.

Graber Rolf, Die Entstehung der direkten Demokratie im Aargau im Kontext der Demokratiebewegungen in anderen Mediationskantonen, in: Béatrice Ziegler, Andreas Glaser (Hg.), Direkte Demokratie im Aargau in Geschichte und Gegenwart (Schriften zur Demokratieforschung, 15), Zürich 2020, S. 21–31.

Graber Rolf, Die Gründung des Zofingervereins. Zur Konstruktion einer schweizerischen Burschenschaft, in: Helmut Reinalter (Hg.), Politische Vereine, Gesellschaften und Parteien in Zentraleuropa 1815–1848/49 (Schriftenreihe der Internationalen Forschungsstelle «Demokratische Bewegungen in Mitteleuropa 1770-1850», Bd. 38), Frankfurt a. M. 2005, S. 243–259.

Graber Rolf, Die Protestbewegungen zur Zeit der Helvetik und das Projekt der Moderne: zur ambivalenten Bedeutung der Helvetik für die Entstehung der modernen Schweiz, in: Helmut Reinalter (Hg.), Die Französische Revolution und das Projekt der Moderne (Vergleichende Gesellschaftsgeschichte und politische Ideengeschichte der Neuzeit, Bd. 14), Wien 2002, S. 73–88.

Graber Rolf, Die Züricher Bauerngespräche: Innovation der Volksaufklärung oder Instrument der Herrschaftssicherung? in: Hanno Schmitt, Holger Böning, Werner Greiling, Reinhart Siegert (Hg.), Die Entdeckung von Volk, Erziehung und Ökonomie im europäischen Netzwerk der Aufklärung, Bremen 2011, S. 43–58

Graber Rolf, Herrschaftswechsel als Chance für die «reine Demokratie». Helvetische Revolution von 1798, in: Harald Heppner, Sabine Jesner (Hg.), Die Personalfrage in neuen Provinzen. Das Banat im regionalen Vergleich (Schriftenreihe für donauschwäbische Geschichte und Landeskunde, Bd. 24), Stuttgart 2020, S. 271–283.

Graber Rolf, «Jezt seye es einmal Zeit, die Freyheit und Gleichheit zu erfechten und den lezten Blutstropfen für dieselbe sprüzen zu lassen». Zur «sozialen Logik» des Volksaufstandes von 1804 auf der Zürcher Landschaft, in: Schweizerische Zeitschrift für Geschichte, Vol. 54, (2004), S. 1–19.

Graber Rolf, «Kämpfe um Anerkennung». Bemerkungen zur neueren Demokratieforschung in der Schweiz, in: Ders. (Hg.), Demokratisierungsprozesse in der Schweiz im späten 18. und 19. Jahrhundert (Schriftenreihe der Internationalen Forschungsstelle «Demokratische Bewegungen in Mitteleuropa 1770–1850», Bd. 40), Frankfurt a. M. 2008, S. 9–20.

Graber Rolf, Kollektive Lernprozesse. Zur Bedeutung republikanischer Vorstellungen in Stadt und Landschaft Zürich im ausgehenden 18. Jahrhundert, in: Michael Böhler, Etienne Hofmann, Peter H. Reil, Simone Zurbuchen (Hg.), Republikanische Tugend. Ausbildung eines Schweizer Nationalbewusstseins und Erziehung eines neuen Bürgers. Akten des 16. Kolloquiums der Schweizerischen Akademie der Geistes- und Sozialwissenschaften (Travaux sur la Suisse des Lumières, 2), Genève 2000, S. 207–221.

Graber Rolf, Pro-helvetische Widerstände gegen restaurative Tendenzen in der Spätphase der Helvetik. Die Zehntunruhen im Distrikt Fehraltorf als Fallbeispiel, in: Christian Simon (Hg.), Widerstand und Proteste zur Zeit der Helvetik (Dossier Helvetik IV), Basel 1998. S. 249–266.

Graber Rolf, Spätabsolutismus und Geheimgesellschaften in Zürich 1760–1780, in: Helmut Reinalter (Hg.), Die demokratische Bewegung in Mitteleuropa von der Spätaufklärung bis zur Revolution von 1848/49. Ein Tagungsbericht (Vergleichende Gesellschaftsgeschichte und politische Ideengeschichte der Neuzeit, Bd. 6), Innsbruck 1988, S. 85–95.

Graber Rolf, Zeit des Teilens. Volksbewegungen und Volksunruhen auf der Zürcher Landschaft 1794–1804, Zürich 2003.

Graber Rolf, Zur Bedeutung der Revolutionen von 1798 (Helvetische Revolution und 1847/48 (Bundesstaatsgründung) für die Ausgestaltung des politischen Systems der modernen Schweiz, in: Heiner Timmermann (Hg.), 1848 Revolution in Europa. Verlauf, politische Programme, Folgen und Wirkungen, (Dokumente und Schriften der Europäischen Akademie Otzenhausen, Bd. 87), Berlin 1999, S. 391–414.

Graber Rolf, Zur Einführung der Verfassung der Helvetischen Republik: Republikanismus der Eliten, Republikanismus des Volkes, in: Helmut Reinalter (Hg.), Republikbegriff und Republiken seit dem 18. Jahrhundert im europäischen Vergleich. Internationales Symposium zum österreichischen Millenium (Schriftenreihe der Internationalen Forschungsstelle «Demokratische Bewegungen in Mitteleuropa 1770–1850», Bd. 28), Frankfurt a. M. 1999, S. 101–119.

Groh Dieter, Anthropologische Dimensionen der Geschichte (Suhrkamp-Taschenbuch Wissenschaft, 992), Frankfurt a. M. 1992.

Groh Dieter, Ethnologie als Universalwissenschaft, in: Merkur 36 (1982), Nr. 414, S. 1217–1225.

Gross Andreas, Die unvollendete Demokratie 1984–2015. Texte zur Schweiz und darüber hinaus. Mit einem Vorwort von Roger Blum, Zürich 2014.

Guggenbühl Christoph, Biedermänner und Musterbürger im «Mutterland der Weltfreyheit». Konzepte der Nation in der helvetischen Republik, in: Urs Altermatt, Catherine Bosshart-Pfluger, Albert Tanner (Hg.), Die Konstruktion einer Nation. Nation und Nationalisierung in der Schweiz, 18.-20. Jahrhundert (Die Schweiz: Staat – Gesellschaft – Politik 1798–1998), Zürich 1998, S. 33–47.

Guggenbühl Christoph, Zensur und Pressefreiheit. Kommunikationskontrolle in Zürich an der Wende zum 19. Jahrhundert, Zürich 1996.

Guggenbühl Christoph, Die Schweiz um 1800, in: Peter Brandt, Martin Kirsch, Arthur Schlegelmilch (Hg.), Handbuch der europäischen Verfassungsgeschichte im 19. Jahrhundert. Institutionen und Rechtspraxis im gesellschaftlichen Wandel, Bd. 1: Um 1800. Bonn 2006, S. 473–545.

Guzzi Sandro, Logik des traditionalistischen Aufstandes. Revolten gegen die Helvetische Republik (1798–1803), in: Historische Anthropologie. Kultur – Gesellschaft – Alltag, Jg. 9 (2001), Heft 2, S. 233–253.

Guzzi Sandro, Widerstand und Revolten gegen die Republik. Grundformen und Motive, in: Itinera, Fasc. 15: Helvetik – neue Ansätze (1993), S. 84–104.

Habermas Jürgen, Das Konzept der Menschenwürde und die realistische Utopie der Menschenrechte, in: Ders., Zur Verfassung Europas. Ein Essay (Sonderdruck Edition Suhrkamp), Berlin 2011, S. 13–38.

Habermas Jürgen, Drei normative Modelle der Demokratie: Zum Begriff deliberativer Demokratie, in: Herfried Münkler (Hg.), Die Chancen der Freiheit. Grundprobleme der Demokratie, München, Zürich 1992, S. 11–24.

Habermas Jürgen, Strukturwandel der Öffentlichkeit. Untersuchungen zu einer Kategorie der bürgerlichen Gesellschaft, Neuwied, Berlin 1962.

Habermas Jürgen, Theorie des kommunikativen Handelns, Frankfurt a. M. 1982.

Hardtwig Wolfgang, Protestformen und Organisationsstrukturen der deutschen Burschenschaft 1815–1833, in: Helmut Reinalter (Hg.), Demokratische und soziale Protestbewegungen in Mitteleuropa 1815–1848/49 (Suhrkamp Taschenbuch Wissenschaft, 629), Frankfurt a. M. 1986, S. 37–76.

Hebeisen Erika, Das Pogrom von 1802 im Surbtal. Eine antisemitische Revolte der christlichen Landbevölkerung, in: Christian Simon (Hg.), Widerstand und Proteste zur Zeit der Helvetik (Dossier Helvetik IV), Basel 1998, S. 233–247.

Hentschel Uwe, Mythos Schweiz. Zum deutschen literarischen Philhelvetismus 1700–1850 (Studien und Texte zur Sozialgeschichte der Literatur, Bd. 90), Tübingen 2002.

Hirschi Caspar, Der Protest als Teil der direkten Demokratie, in: NZZ am Sonntag 7. 10. 2021.

His Eduard, Die Bedeutung der schweizerischen Regeneration von 1830/31, in: Zeitschrift für Schweizerische Geschichte, 11. Jhrg. (1931), S. 73–96.

Hobsbawm Eric J. u. a. (Hg.), The Invention of Tradition, Cambridge 1983.

Hoffmann-Krayer Eduard, Knabenschaften und Volksjustiz in der Schweiz, in: Schweizerisches Archiv für Volkskunde 8, 1904/1905, S. 81–99 und 161–168.

Honneth Axel, Kampf um Anerkennung. Zur moralischen Grammatik sozialer Konflikte. Mit einem neuen Nachwort, erweiterte Ausgabe, Frankfurt a. M. 2003 (2).

Im Hof Ulrich, Mythos Schweiz, Identität, Nation, Geschichte 1291–1991, Zürich 1991.

Kaiser Tino, Die Solothurner Verfassungsrevision von 1840/41, in: Zeitschrift für Schweizerische Geschichte, 20. Jhrg. (1940), S. 392–473.

Kaschuba Wolfgang, Lebenswelt und Kultur der unterbürgerlichen Schichten im 19. und 20. Jahrhundert (Enzyklopädie Deutscher Geschichte, Bd. 5), München 1990.

Kaschuba Wolfgang, Ritual und Fest. Das Volk auf der Strasse. Figurationen und Funktionen populärer Öffentlichkeit zwischen Frühneuzeit und Moderne, in: Richard van Dülmen (Hg.), Dynamik der Tradition (Studien zur historischen Kulturforschung, IV), Frankfurt a. M. 1992, S. 240–267.

Kaufmann Robert Uri, Art. Judentum: Der Weg zur Emanzipation (1798–1879), in: Historisches Lexikon der Schweiz, Bd. 6, S. 830–832.

Kölz Alfred, Der Verfassungsentwurf von Ludwig Snell als Quelle der Regenerationsverfassungen, in: Ders., Der Weg der Schweiz zum modernen Bundesstaat. Historische Abhandlungen, Zürich 1998, S. 171–197.

Kölz Alfred, Neuere schweizerische Verfassungsgeschichte, Bd. 2: Ihre Grundlinien in Bund und Kantonen seit 1848, Bern 2004.

Kölz Alfred, Neuere schweizerische Verfassungsgeschichte, Bd. 1: Ihre Grundlinien vom Ende der Alten Eidgenossenschaft bis 1848, Bern 1992.

Koller Christian, Demonstrating in Zurich between 1830 and 1840. From Bourgeois Protest to Proletarian Street Politics, in: Matthias Reiss (Hg.), The Street as Stage. Protest Marches and Public Rallies since the Nineteenth Century, Oxford 2007, S. 194–211.

Kopp Eugen, Die konservative Partei im Kanton Luzern von 1831–1948, Luzern 1850.

Kreis Georg, Schweizer Erinnerungsorte. Aus dem Speicher der Swissness, Zürich 2010.

Kundert Werner unter Mitarbeit von Ulrich Im Hof, Geschichte des Schweizerischen Zofingervereins, in: Der Schweizerische Zofingerverein 1819–1869. Eine Darstellung hg. v. Schweizerischen Zofingerverein und Altzofingerverein, Bern 1969.

Kunz Edwin W., Die lokale Selbstverwaltung in den zürcherischen Landgemeinden im 18. Jahrhundert, Diss. Zürich, Affoltern am Albis 1948.

Labhardt Ricco, Tells revolutionäre und politische Maskeraden, in: Lilly Stunzi (Hg.), Tell. Werden und Wachsen eines Mythos, Bern 1973, S. 89–106.

Lang Josef, Das Paradox der (Deutsch-) Schweizer Demokratie, in: René Roca, Andreas Auer (Hg.), Wege zur direkten Demokratie in den schweizerischen Kantonen (Schriften zur Demokratieforschung, 3), Zürich 2011, S. 193–211.

Lang Josef, Die beiden Katholizismen und die Krux der Schweizer Demokratie, in: Gérald Arlettaz (Hg.), Die Erfindung der Demokratie in der Schweiz. L'invention de la démocratie en Suisse (Zeitschrift des Schweizerischen Bundesarchivs. Studien und Quellen, 30), Zürich 2004, S. 45–73.

Lang Josef, Demokratie in der Schweiz. Geschichte und Gegenwart, Baden 2020.

Lerner Marc H., A Laboratory of Liberty. The Transformation of Political Culture in Republican Switzerland 1750–1848 (Studies in Central European Histories. Vol. LIV), Leiden 2012.

Leuthy Johann Jakob, Geschichte des Cantons Zürich 1831–1840. Aus den Quellen untersucht und nach höchst wichtigen Mittheilungen von noch lebenden Zeitgenossen und Augenzeugen, Zürich 1845.

Lipp Carola (Hg.), Schimpfende Weiber und patriotische Jungfrauen. Frauen im Vormärz und in der Revolution 1848/49, Bühl-Moos 1986.

Lüdtke Alf, Geschichte und Eigensinn, in: Berliner Geschichtswerkstatt (Hg.), Alltagskultur, Subjektivität und Geschichte. Zur Theorie und Praxis der Alltagsgeschichte, Münster 1994, S. 135–153.

Lüdtke Alf, Eigensinn, in: Stefan Jordan (Hg.), Lexikon der Geschichtswissenschaft. Hundert Grundbegriffe, Stuttgart 2002, S. 64–66.

Lüdtke Alf, Einleitung: Was ist und wer treibt Alltagsgeschichte, in: Ders. (Hg.), Alltagsgeschichte. Zur Rekonstruktion historischer Erfahrungen und Lebensweisen, Frankfurt a. M. 1989, S. 9–47.

Maissen Thomas, Die Geburt der Republic. Staatsverständnis und Repräsentation in der frühneuzeitlichen Eidgenossenschaft (Historische Semantik, Bd. 4), Göttingen 2006.

Maissen Thomas, Ein «helvetisch Alpenvolck». Die Formalisierung eines gesamteidgenössischen Selbstverständnisses in der Schweizer Historiographie des 16. Jahrhunderts, in: Krysztof Baczkowski und Christian Simon (Hg.), Studia Polono-Helvetica II: Historiographie in Polen und der Schweiz, Krakau 1994, S. 69–102.

Maissen Thomas, «Eine Absolute, Independente, Souveraine und zugleich auch Neutrale Republic». Die Genese eines republikanischen Selbstverständnisses in der Schweiz des 17. Jahrhunderts, in: Michael Böhler, Etienne Hofmann, Peter H. Reil, Simone Zurbuchen (Hg.), Republikanische Tugend. Ausbildung eines Schweizer Nationalbewusstseins und Erziehung eines neuen Bürgers. Contribution à une nouvelle approche des Lumières helvetiques, 16. Kolloquium der Schweizerischen Akademie der Geistes- und Sozialwissenschaften (Travaux sur la Suisse des Lumières, 29), Genève 2000, S. 139–150.

Maissen Thomas, Petrus Valkeniers republikanische Sendung. Die niederländische Prägung des neuzeitlichen schweizerischen Staatsverständnisses, in: Schweizerische Zeitschrift für Geschichte, Vol. 48, Nr. 2 (1998), S. 149–167.

Majonnier Arthur, Die Solothurnische Verfassungsreform des Jahres 1856, Diss. phil. I. Zürich, Solothurn 1929.

Marchal Guy P., Schweizer Gebrauchsgeschichte. Geschichtsbilder, Mythenbildung und nationale Identität, Basel 2007 (2).

Mathieu Jon, Boscani Leoni Simona (Hg.), Die Alpen. Zur europäischen Wahrnehmungsgeschichte seit der Renaissance, Bern 2005.

Mattioli Aram, Die Schweiz und die jüdische Emanzipation 1798–1874, in: Ders. (Hg.), Antisemitismus in der Schweiz 1848–1960. Mit einem Vorwort von Alfred A. Häsler, Zürich 1998, S. 61–82.

Medick Hans, Plebejische Kultur, plebejische Öffentlichkeit, plebejische Ökonomie. Über Erfahrungen und Verhaltensweisen Besitzarmer und Besitzloser in der Übergangsphase zum Kapitalismus, in: Robert M. Berdahl, Alf Lüdtke u. a. (Hg.), Klassen und Kultur. Sozialanthropologische Perspektiven in der Geschichtsschreibung, Frankfurt a. M. 1982, S. 157–204.

Meuwly Oliver, Une histoire politique de la démocratie directe en Suisse, (Collection Focus 23), Neuchâtel 2018.

Meyer Ahlrich, Massenarmut und Existenzrecht, in: Autonomie, Materialien gegen die Fabrikgesellschaft, Neue Folge, Nr. 14 (1985): Klassengeschichte – soziale Revolution, S.15–145.

Meyer Ahlrich, Massenarmut und Existenzrecht, in: Ders., Die Logik der Revolten. Studien zur Sozialgeschichte 1798–1848, Berlin 1999, S. 93–256.

Meyer Pascale, Kubli Sabine (Hg.), Alles was RECHT ist. Baselbieterinnen auf dem Weg zur Gleichberechtigung und Gleichstellung (Archäologie und Museum, Heft 024), Liestal 1992, S.17.

Meyer Stephan, Vorbote des Untergangs. Die Angst der Schweizer Aristokraten vor Joseph II, Zürich 1999.

Möckli Silvano, Die schweizerischen Landsgemeinde Demokratien, in: Staat und Politik, 34, S. 65–79.

Morkowska Marysia, Vom Stiefkind zum Liebling. Die Entwicklung und Funktion des europäischen Schweizerbildes bis zur Französischen Revolution, Zürich 1997.

Mooser Josef, Eine neue Ordnung für die Schweiz: Die Bundesverfassung von 1848, in: Brigitte Studer (Hg.), Etappen des Bundesstaates. Staats- und Nationsbildung in der Schweiz 1848–1998, Zürich 1998, S. 45–61.

Müller Jan Werner, Was ist Populismus? Berlin 2016.

Münch Paul, Einleitung in: Ders., (Hg.) «Erfahrung» als Kategorie der Frühneuzeitgeschichte (Historische Zeitschrift, Neue Folge, Beihefte, Bd. 31), München 2001, S. 11–27.

Muralt Leonhard von, Alte und neue Freiheit in der helvetischen Revolution, in: Der Historiker und die Geschichte. Ausgewählte Aufsätze und Vorträge (Festgabe für Leonhard von Muralt), Zürich 1960, S. 147–160.

Nabholz Hans, Die Eingaben des zürcherischen Volkes zur Verfassungsrevision des Jahres 1830. Ein Beitrag zur Geschichte der Regeneration, in: Neujahrsblatt hg. v. der Stadtbibliothek auf das Jahr 1911, Nr. 267, S. 3–54.

Negt Oskar, Kluge Alexander, Öffentlichkeit und Erfahrung. Zur Organisationsanalyse von bürgerlicher und proletarischer Öffentlichkeit, Frankfurt a. M. 1972.

Ohme-Reinicke, Ein bisschen Schweiz gefällig, im: Kontext: Wochenzeitung, Ausgabe 284, 7. 9. 2016, S. 1–4.

Ort Werner, Heinrich Zschokke (1771–1848). Eine Biographie, Baden 2013.

Peschke Benjamin, Über Demokratie in der Schweiz. Der Mythos und die halb-direkte Demokratie, München 2007.

Peter Roger, Wie die Kartoffel im Kanton Zürich zum «Heiland der Armen» wurde. Ein Beitrag zur Sozialgeschichte der Kartoffel in der Schweiz, Zürich 1996.

Peukert Detlev, Neuere Alltagsgeschichte und Historische Anthropologie, in: Hans Süssmuth (Hg.), Historische Anthropologie, Göttingen 1984, S. 49–72.

Peyer Hans Conrad, Die Verfassungsrevision von 1869 und ihre Geschichte, in Zürcher Taschenbuch, Neue Folge, Nr. 90 (1970), S. 48–64.

Peyer Hans Conrad, Verfassungsgeschichte der alten Schweiz, Zürich 1978.

Pocock John G. A., Die andere Bürgergesellschaft. Zur Dialektik von Tugend und Korruption. Aus dem Englischen von K. Blocher, New York, Frankfurt a. M. 1993.

Pocock John G. A., The Machiavellian Moment. Florentine Political Thought and the Atlantic Republican Tradition, Princeton 1975.

Priester Karin, Rechter und linker Populismus. Annäherung an ein Chamäleon, Frankfurt a. M. 2012.

Reinhard Wolfgang, Französische «Politiques» und Jean Bodin, in: Hans Fenske, Dieter Mertens, Wolfgang Reinhard, Claus Rosen, Geschichte der politischen Ideen von der Antike bis zur Gegenwart, Frankfurt a. M. 1996 (5), S. 296–301.

Reiling Jesko, Die Genese der idealen Gesellschaft. Studien zum literarischen Werk von Johann Jakob Bodmer (1698–1783), Berlin 2010.

Roca Réne, Die Vetodebatte im Kanton Luzern, in: René Roca, Andreas Auer (Hg.), Wege zur direkten Demokratie in den schweizerischen Kantonen (Schriften zur Demokratieforschung, Bd. 3), Zürich 2011, S. 233–245.

Roca René, Katholizismus und moderne Schweiz (Beiträge zur Erforschung der Demokratie, 1), Basel 2016.

Roca René, Schweizerische Geschichtswissenschaft und Demokratieforschung, Vom Mythos über die Ignoranz zum historischen Untersuchungsgegenstand in: Ders., Andreas Auer (Hg.), Wege zur direkten Demokratie in den schweizerischen Kantonen (Schriften zur Demokratieforschung 3), Zürich 2011, S. 3–10.

Roca Réne, «Wenn die Volkssouveränität Wahrheit werden soll». Die schweizerische direkte Demokratie in Theorie und Praxis – Das Beispiel des Kantons Luzern (Schriften zur Demokratieforschung, Bd. 6), Zürich 2012.

Rohner Gabriela, Die Wirksamkeit von Volksinitiativen im Bund, 1848–2010, Zürich 2012.

Ryffel Heinrich, Die schweizerischen Landsgemeinden, Zürich 1903.

Schaffner Martin, Die demokratische Bewegung der 1860er Jahre. Beschreibung und Erklärung der Zürcher Volksbewegung 1867 (Basler Beiträge zur Geschichtswissenschaft, Bd. 146), Basel, Frankfurt a. M. 1982.

Schaffner Martin, Direkte Demokratie. «Alles für das Volk – alles durch das Volk», in: Manfred Hettling, Mario König, Martin Schaffner, Andreas Suter, Jakob Tanner, Eine kleine Geschichte der Schweiz. Der Bundesstaat und seine Traditionen (Edition Suhrkamp 2079), Frankfurt a. M. 1998, S. 189–226.

Schaffner Martin, Direkte oder «indirekte» Demokratie. Konflikte und Auseinandersetzungen 1830–1848, in: Andreas Ernst, Albert Tanner, Matthias Weishaupt (Hg.), Revolution und Innovation. Die konfliktreiche Entstehung des schweizerischen Bundesstaates von 1848, Zürich 1998, S. 271–277.

Schaffner Martin, Furcht vor dem Volk? in: Werkstatt Geschichte, 49 (2008), S. 33–49.

Schaffner Martin, Furcht vor dem Volk, Basel 2020.

Schaffner Martin, Krise der Demokratie – Krise der Demokratiegeschichte, in: René Roca, Andreas Auer (Hg.), Wege zur direkten Demokratie in den schweizerischen Kantonen (Schriften zur Demokratieforschung, Bd. 3), Zürich 2011, S. 11–22.

Schaffner Martin, «Volk» gegen «Herren». Konfliktverhalten und kollektives Bewusstsein in der Demokratischen Bewegung, in: François de Capitani, Georg Germann (Hg.), Auf dem Weg zu einer schweizerischen Identität 1848–1914. Probleme – Errungenschaften – Misserfolge (8. Kolloquium der Schweizerischen Akademie der Geisteswissenschaften), Freiburg 1987, S. 39–52.

Schefold Dian, Volkssouveränität und repräsentative Demokratie in der schweizerischen Regeneration 1830–1848 (Basler Studien zur Rechtswissenschaft, Heft 76), Basel 1966.

Schiedt Hans Ulrich, Die Welt neu erfinden. Karl Bürkli (1823–1901) und seine Schriften, Zürich 2001.

Schindler Norbert, Die Hüter der Unordnung. Rituale der Jugendkultur in der frühen Neuzeit, in: Giovanni Levi, Jean Claude Schmidt (Hg.), Geschichte der Jugend, Bd. 1: Von der Antike zum Absolutismus, Frankfurt a. M. 1996, S. 319–382.

Schläppi, Daniel, Grenzen der Gleichheit. Wie und warum die helvetischen Regenten vor dem Gemeinbesitz der Korporationen kapitulierten, in: Andreas Würgler (Hg.), Die Grenzen des Zumutbaren. Erfahrungen mit der französischen Okkupation und der Helvetischen Republik (1798–1803), Basel 2011, S. 47–65.

Schläppi Daniel, Management kollektiver Ressourcen als Kerngeschäft der Verwaltung in der alten Eidgenossenschaft, in: traverse. Zeitschrift für Geschichte, Jg. 18 (2011), Nr. 2: Verwalten und regieren, S. 42–55.

Schmid Stefan G., Die Zürcher Vetopetitionen von 1837 bis 1842. Eine Quellenstudie zur Entwicklung der direktdemokratischen Staatsidee, in: Zürcher Taschenbuch, Neue Folge, Nr. 130 (2010), S. 143–225.

Schmidt Manfred G., Demokratietheorien, Opladen 2000 (3).

Scott James C., Domination and the Arts of Resistance. Hidden Transcripts, New Haven/London 1990.

Siegwart Müller Constantin, Ratsherr Leu von Ebersoll. Der Kampf zwischen Recht und Gewalt in der Schweizerischen Eidgenossenschaft, Altdorf 1863.

Staehelin Andreas, Helvetik, in: Handbuch der Schweizer Geschichte, Bd. 2, Zürich 1977, S.785–839.

Steger W. P., Erinnerungen von Dr. Adolf Steger an den Züriputsch 1839, Toggenburgerblätter für Heimatkunde. Beilage zu «Toggenburger Bote», 3. Jhrg., Nr. 2, April/Juni 1940.

Suter Andreas, Der schweizerische Bauernkrieg 1653. Ein Forschungsbericht, in: Albert Tanner, Anne-Lise Head-König (Hg.), Die Bauern in der Geschichte der Schweiz (Schweizerische Gesellschaft für Sozial- und Wirtschaftsgeschichte, Heft 10, 1992), S. 69–103.

Suter Andreas, Der schweizerische Bauernkrieg 1653. Politische Sozialgeschichte – Sozialgeschichte eines politischen Ereignisses (Frühneuzeit-Forschungen, Bd. 3), Tübingen 1997.

Suter Andreas, Die Genese der direkten Demokratie – historische Reflexionen zur aktuellen Debatte. Nachwort, in: Benjamin Adler, Die Entstehung der direkten Demokratie. Das Beispiel der Landsgemeinde Schwyz 1789–1866, Zürich 2006, S. 219–278.

Suter Andreas, Die Genese der direkten Demokratie – Aktuelle Debatten und wissenschaftliche Ergebnisse (Teil 1), in: Schweizerische Zeitschrift für Geschichte, Vol. 62, Nr. 3 (2012), S. 436–473.

Suter Andreas, Direkte Demokratie – Aktuelle Debatten und wissenschaftliche Ergebnisse (Teil 2), in: Schweizerische Zeitschrift für Geschichte, Vol. 63, Nr. 1 (2013), S. 104–116.

Suter Andreas, Nationalstaat und die «Tradition von Erfindung» – Vergleichende Überlegungen, in: Geschichte und Gesellschaft, Zeitschrift für historische Sozialwissenschaft, 25. Jhrg., Heft 3 (1999), S. 480–503.

Suter Andreas, Regionale politische Kulturen von Protest und Widerstand im Spätmittelalter und der Frühen Neuzeit. Die schweizerische Eidgenossenschaft als Beispiel, in: Geschichte und Gesellschaft, 21 (1995), S. 161–194.

Tanner Albert, «Alles für das Volk». Die liberalen Bewegungen 1830/31, in: Thomas Hildebrand, Albert Tanner (Hg.), Im Zeichen der Revolution. Der Weg zum schweizerischen Bundesstaat 1798–1848 (eine Publikation der Volkshochschule Zürich), Zürich 1997, S. 51–74.

Tanner Albert, Arbeitsame Patrioten – Wohlanständige Damen. Bürgertum und Bürgerlichkeit in der Schweiz 1830–1914, Zürich 1995.

Tanner Jakob, Die Schweiz im «System Metternich», Das Revolutions- und Ordnungspotential der Demokratie, in: Regierungsrat des Kantons Zürich, Daniel Brühlmeier (Hg.), Zürich und der Wiener Kongress. Erklärung über die Angelegenheiten der Schweiz vom 20. März 1815, Zürich 2015, S. 57–74.

Tanner Jakob, Geschichte der Schweiz im 20. Jahrhundert (Europäische Geschichte im 20. Jahrhundert, hg. von Ulrich Herbert), München 2015.

Thompson Edward P., Die moralische Ökonomie der englischen Unterschichten im 18. Jahrhundert, in: Ders., Plebeische Kultur und moralische Ökonomie. Aufsätze zur englischen Sozialgeschichte des 18. und 19. Jahrhunderts. Ausgewählt und eingeleitet von Dieter Groh. Übers. von Günter Lottes (Sozialgeschichtliche Bibliothek), Frankfurt a. M. 1980, S: 67–130.

Thompson Eduard P., «Rough Music» oder englische Katzenmusik, in: Ders., Plebeische Kultur und moralische Ökonomie. Aufsätze zur englischen Sozialgeschichte des 18.und 19. Jahrhunderts. Ausgewählt und eingeleitet von Dieter Groh. Übers. von Günter Lottes (Sozialgeschichtliche Bibliothek), Frankfurt a. M., Berlin, Wien 1980, S. 131–168.

Tribelhorn Marc, Der Sturz der Eliten, in: NZZ Geschichte, Sonderausgabe, April 2018, S. 40–46.

Tröhler Daniel, Curriculum, Languages and Mentalities. Chicago Pragmatism as response to a cultural construction of modernity, in. B. Baker (Hg.), New Curriculum History, Rotterdam l. 2000 (Educational Futures, Bd. 33), S. 95–113.

Tröhler Daniel, Die Vereinigten Niederlande und die Alte Eidgenossenschaft im 18. Jahrhundert. Der republikanische Tugenddiskurs in der Schweiz vor dem Hintergrund einer «commercial republic», in: Max Mangold, Jürgen Oelkers (Hg.), Demokratie, Bildung und Markt, Bern 2003, S. 175–205.

Tröhler Daniel, Kommerz und Patriotismus. Pestalozzis Weg vom politischen zum christlichen Republikanismus (1764–1780), in: Schweizerische Zeitschrift für Geschichte, Vol. 50, Nr. 3 (2000), S. 325–352.

Tröhler Daniel, Politische Bildung im Untergrund Zürichs 1762–1767, in: Jörg-W. Link, Frank Tosch (Hg.), Bildungsgeschichte(n) in Quellen, Hanno Schmitt zum 65. Geburtstag, Bad Heilbrunn 2007, S. 97–109.

Tröhler Daniel, Republikanismus und Pädagogik. Pestalozzi im historischen Kontext, Bad Heilbrunn 2006.

Tschopp Silvia Serena, Politische Systembildung aus dem Geist der Geschichte. Zu den kulturellen Wurzeln der direkten Demokratie in der Schweiz, in: Jahrbuch für direkte Demokratie 2011, Baden-Baden 2012, S. 41–64.

Vatter Adrian, Kantonale Demokratien im Vergleich. Entstehungsgründe, Interaktionen und Wirkungen politischer Institutionen in den Schweizer Kantonen. Mit einem Vorwort von Arend Lijphart (Forschung Politikwissenschaft, Bd. 159), Opladen 2002.

Vogel Lukas «Die Herren sind alle Schelmen». Politische, soziale und religiöse Hintergründe des Schwyzer Widerstandes gegen die Helvetik, in: Mitteilungen des Historischen Vereins des Kantons Schwyz, Heft 90 (1998), S. 169–187.

Walliser Peter, Der Kampf um die demokratischen Rechte im Kanton Solothurn, dargestellt anhand der Biographien von Josef und Otto Walliser, Solothurn 1986.

Wehler Hans Ulrich, Nationalismus, Geschichte, Formen, Folgen, München 2001.

Weinmann Barbara, Eine andere Bürgergesellschaft. Klassischer Republikanismus im Kanton Zürich im späten 18. und 19. Jahrhundert (Kritische Studien zur Geschichtswissenschaft, Bd. 153), Göttingen 2002.

Wickli Bruno, Politische Kultur, politische Erfahrungen und der Durchbruch der modernen direkten Demokratie im Kanton St. Gallen (1831), in: Rolf Graber (Hg.), Demokratisierungsprozesse in der Schweiz im späten 18. und 19. Jahrhundert (Schriftenreihe der Internationalen Forschungsstelle «Demokratische Bewegungen in Mitteleuropa 1770–1850», Bd. 40), Frankfurt a. M. 2008, S. 35–65.

Wickli Bruno, Politische Kultur und die «reine Demokratie». Verfassungskämpfe und ländliche Volksbewegungen im Kanton St. Gallen (St. Galler Kultur und Geschichte, 35), St. Gallen 2006.

Wiget Josef, Zwei Beiträge zur Landsgemeinde in der Schweiz, in: Louis Carten (Hg.), Forschungen zur Rechtsarchäologie und Rechtlichen Volkskunde, Bd. 21 (2004), S. 9–39.
Wild Dölf, Die ersten Jahre der liberalen Demokratie in Zürich oder: Probleme mit dem Volk 1830–1848, in: Silvia Ferrari (Hg.), Auf wen schoss Wilhelm Tell? Beiträge zu einer Ideologiegeschichte der Schweiz, Zürich 1991, S. 103–120.
Wirtz Rainer, «Widersetzlichkeiten, Excesse, Crawalle, Tumulte, Skandale». Soziale Bewegung und gewalthafter sozialer Protest in Baden 1815–1848 (Sozialgeschichtliche Bibliothek), Frankfurt a. M. 1981.
Würgler Andreas, Revolution aus Tradition. Die Legitimierung der Revolution aus den Unruhen des Ancien Régime durch die schweizerische Nationalhistoriographie des 19. Jahrhunderts, in: Andreas Ernst, Albert Tanner, Matthias Weishaupt (Hg.), Revolution und Innovation. Die konfliktreiche Entstehung des schweizerischen Bundesstaates von 1848 (Die Schweiz 1798–1998: Staat – Gesellschaft – Politik, Bd. 1), Zürich 1998, S. 79–90.
Würgler Andreas, Unruhen und Öffentlichkeit. Städtische und ländliche Protestbewegungen im 18. Jahrhundert (Frühneuzeit-Forschungen, Bd. 1), Tübingen 1995.
Würgler Andreas, Vormoderne Revolten und moderne Demokratie? Protestbewegungen im Ancien Régime und liberale Prinzipien im 19. Jahrhundert, in René Roca, Andreas Auer (Hg.), Wege zur direkten Demokratie in den schweizerischen Kantonen (Schriften zur Demokratieforschung, 3), Zürich 2011, S. 107–121.
Wyss F. Die Schweizerischen Landsgemeinden, in: Zeitschrift für schweizerisches Recht, Nr. 1 (1852).
Zemon Davis Natalie, The Reasons of Misrule. Youth Groups and Charivaris in Sixteenth-Century France, in: Past and Present 50 (1971), S. 41–75.
Zimmer Oliver, A Contested Nation. History, Memory and Nationalism in Switzerland, 1761–1891, Cambridge University Press, Cambridge 2003.

7.4 Lexika und Handbücher

Historisch-biographisches Lexikon der Schweiz, hrsg. von der Allgemeinen Geschichtsforschenden Gesellschaft der Schweiz, Bd. 1–7, Neuenburg 1921–1934.
Historisches Lexikon der Schweiz, Bd. 1–13, Basel 2002–2014.
Reinalter Helmut (Hg.), Biographisches Lexikon zur Geschichte der demokratischen Bewegungen in Mitteleuropa, Bd. 2, Teil 2: Österreich/Schweiz (Schriftenreihe der Internationalen Forschungsstelle «Demokratische Bewegungen in Mitteleuropa 1770–1850», Bd. 43), Frankfurt a. M. 2011.
Reinalter Helmut, Oberhauser Claus (Hg.), Biographisches Lexikon der demokratischen und liberalen Bewegungen in Mitteleuropa 1770–1848/49 (Schriftenreihe der Internationalen Forschungsstelle «Demokratische Bewegungen in Mitteleuropa 1759–1850», Bd. 48), Frankfurt a. M. 2015.

Reinalter Helmut (Hg.), Handbuch zur Geschichte der demokratischen Bewegungen in Zentraleuropa. Von der Spätaufklärung bis zur Revolution 1848/49 (Schriftenreihe der Internationalen Forschungsstelle «Demokratische Bewegungen in Mitteleuropa 1770–1850», Bd. 44), Frankfurt a. M. 2012.